JN428349

너는 부르짖으라

너는 부르짖으라
박
한
수
규장

프롤로그

주님을 믿습니다
우리의 간구를 들으신다고 믿습니다

기도는 저의 숙명이고, 사랑이고, 숙제입니다. 16살에 교회 문턱을 넘어 6개월의 종교인의 시간을 지나 주님을 영접한 후 지금까지 기도는 저의 영원한 벗이 되었습니다. 그럼에도 불구하고 항상 기도가 부족함을 주님께 송구스럽게 여기며 살아갑니다.

기도를 쉬는 죄를 범하지 않으려는 몸부림

2005년 제자광성교회가 개척된 이후 기도를 외치고, 기도를 독려하고, 기도를 쉬는 죄를 범치 않으려고 몸부림쳐왔습니다. "기도하는 목사보다 기도하게 만드는 목사가 더 위대하다"라는 명분으로 스스로를 위로하여 기도를 강조해온 것입니다.

주일 대예배에 참석하는 수의 절반은 금요성령집회에 참석해야 한다는 저의 신념에 따라 성도들을 격려하고 또 추궁하며 달려왔습니다. 지금은 공간의 문제로 금요성령집회 참석 인원이 주일 대예배 참석의 40퍼센트 남짓 되는 것이 못내 아쉽고 또 두렵습니다.

금요성령집회가 느슨해진다 싶으면 스스로 견디지 못하는 강박관념 또한 제가 진 십자가로 여기고 여기까지 왔습니다. 앞으로도 담임목사라는 짐을 벗을 때까지는 이 십자가를 내려놓기 어려울 것 같습니다.

기도만 해도 교회는 사라지지 않는다

코로나가 한참이던 2022년 12월, 주님으로부터 기도에 대한 강렬한 소원을 받고, 매주 금요일마다 '너는 부르짖으라'라는 주제로 2025년 12월까지 150회 이상 설교를 했습니다. 50회가 가까이 왔을 때는 50회까지만, 100회가 되었을 때도 여기까지만 해야겠다고 생각했는데 어느덧 150회가 넘었습니다. 우리 성도들도 저 자신도, 금요일은 '기도'라는 단어에 중독되어버린 것 같습니다.

저는 교회에 두 가지 사명이 있다고 감히 생각합니다. 하나는 음부의 권세와 싸우는 '군대'로서의 사명이며, 다른 하나는 '기도의 집'으로서의 사명입니다.

또 내가 네게 이르노니 너는 베드로라 내가 이 반석 위에 내 교회를 세우리니 음부의 권세가 이기지 못하리라 마 16:18

내가 곧 그들을 나의 성산으로 인도하여 기도하는 내 집에서 그들을 기쁘게 할 것이며 그들의 번제와 희생을 나의 제단에서 기꺼이 받게 되리니 이는 내 집은 만민이 기도하는 집이라 일컬음이 될 것임이라 사 56:7

교회가 이 두 가지만 충실해도 할 일을 다하는 것입니다. 이 두 가지만 해도 결코 망하지 않습니다. 특히 기도만 해도 교회는 사라지지 않을 것입니다. 왜냐하면 교회만 그 일을 해야 하고, 할 수 있기 때문입니다.

기도를 기뻐하시는 하나님

그런데 현실은 성경의 가르침과 다른 현상이 펼쳐지고 있습니다. 기도원은 사람들이 모이지 않아 운영에 어려움을 겪고, 교회 철야는 한 달에 한 번, 아니면 아예 사라진 교회도 많습니다. 평일에도 교회가 안전을 이유로 문을 닫아 성도들이 기도할 기회를 원천적으로 사라지게 하고 있다는 안타까운 소리도 들립니다.

제자광성교회는 기도를 우선으로 하고 지난 20년을 달려왔습니다. 코로나 이전에는 24시간 교회를 개방했습니다. 상가 개척교회 시절부터 명절에도 금요철야를 쉬지 않고 해왔습니다. 집합건물이라 위아래 층에 상가들이 있었고, 같은 층에 독서실, 서예학원도 있었습니다.

저라고 왜 염치가 없고 교회의 덕을 생각하지 않았겠습니까? 그러나 기도를 중단할 수 없었습니다. 24시간 교회 문을 개방했어도 하나님의 은혜로 불미스러운 일이 한 번도 없었습니다. 위아래 입주자들과 같은 층의 독서실에서도 아무 소리도 하지 않았습니다. (물론 처음부터 교회 인테리어를 방음을 우선으로 했고, 저희 교회가 제일 먼저 입주한 현실적인 이유도 있었습니다만) 그래도 그것은 기적 같은 일이었으며, 이는 저를 비롯한 우리 성도들에게 강력한 확신을 가져다주었습니다.

"하나님이 기도를 기뻐하시는구나! 기도를 막을 자는 없구나!"

강력한 기도의 동지들

제자광성교회는 약 500명의 중보기도 용사들이 있습니다. 저는 이분들을 '동지'라고 부릅니다. 전투에서 같이 피를 흘리는 동지, 사선을 넘나드는 동지, 서로의 안전과 생명을 위해 함께하는 동지들입니다. 제자광성교회는 이분들의 간절한 기도로 숱한 고비들을 넘겨왔습니다. 태풍이 밀려왔다가도 작은 일상의 파도가 되어 사라졌습니다. 원수 마귀의 불화살이 날아들었지만 중보기도 동지들의 기도로 그 화살은 발 앞에 떨어졌습니다.

저는 저의 부족함을 누구보다 잘 알고, 또한 매 순간 느끼며 살아갑니다. 돌아서면 후회되는 일이 너무 많습니다. '그때 그 결정은 잘못되었구나', '그때 그 말은 하지 말았어야 하는구나', '그때 그곳에는 가서는 안 되는 것이었구나' 등등.

그래서 흠 많은 저를 위해서, 하나님께서는 일찍이 기도의 중보자들을 보내주셨습니다. 스무 살 신학대학에 입학해놓고 시골 교회의 마지막 부흥회 때 하나님께서 극적으로 만나게 해주신 기도의 어머니 문여임 권사님은 저의 가장 강력한 영적 후견인이 되어주셨습니다. 그 분이 날마다 피 한 방울 섞이지 않은 저를 위해 기도하시는 것은 하나님의 강권하심이 아니면 해석될 수 없는 일입니다.

전임 사역을 시작하고 첫 부임한 교회에서 만나게 하신 권사님은 새벽기도에 나와 오전 9시, 10시까지 저를 위해 부르짖어 기도해주셨습니다. 주님이 눈이라도 빼줄 마음을 주셨다고 하시면서 말입니다.

개척을 하고 교회가 부흥되기 시작하면서 창원에서 기도의 용사들이 저를 찾아왔습니다. 기도처에서 20명 정도의 형제자매가 하루 4-5회씩 나라와 민족, 그리고 제자광성교회 사역을 위해 기도해주십니다.

미국 뉴욕과 피츠버그의 형제자매들이 저를 위해 기도해주고 계십니다. 그리고 제자광성교회 성도들, 이름 없는 수많은 중보기도자들 덕분에 한없이 부족한 제가 여기까지 왔습니다.

만약 하나님께서 저를 쓰고 계신다면, 그것은 저의 역량이 아니라 중보자들의 기도 때문입니다. 이것은 제 자랑도 아니고 간증도 아닙니다. 미천하고 부족한 사람을 하나님께서 어떤 방법으로 은혜를 주시고 채워가시는지, 하나님의 일하심에 대한 고백입니다.

저는 기도를 믿습니다!

저에게는 꿈이 있습니다. 제자광성교회가 더욱 기도하는 교회가 되는 것이 저의 꿈입니다. 도심 속의 기도원이 되어서 밤낮 부르짖는 소리가 중단되지 않는 교회가 되는 것입니다. 더 나아가 지역의 교회와 한국 교회에 거룩한 기도 운동을 전염시키는 것입니다.

세상이 아무리 날뛰고 요동쳐도 저는 기도를 믿습니다. 기도하면 상상할 수 없는 기쁘고 놀라운 일이 일어난다고 믿습니다. 물론 모든 기도를 우리의 뜻대로 들어주시지는 않습니다. 그러나 그것도 다행한 일입니다. 이기적인 우리의 기도를 무차별로 들어주신다면, 그 또한 세상에 유익하지 못할 것이기 때문입니다.

기도하면 세상이 바뀌고, 기도하면 전쟁이 그치고, 기도하면 강퍅한 인생이 회심하게 되고, 기도하면 선교지의 선교사님이 힘을 얻고, 기도하면 기적을 경험한다고 믿습니다. 기도하면 시들어가는 교회가 다시 소생한다고 믿습니다. 기도하면 기적이 상식이 될 수 있다고 감히 믿습니다. 그래서 저는 주님을 믿는 것은 곧 기도를 믿는 것이라고 생각합니다. 하나님께서 살아 계신 참된 신이시기에, 우리의 간구를 들으신다고 믿는 것입니다.

매주 금요일마다 성도들과 나눈 다듬어지지 않은 거친 설교들을 기꺼이 출판해주신 규장 출판사 여진구 대표님께 감사드립니다. 그리고 나날이 험해져가는 세상에서도 타협하지 않는 올곧은 신앙으로 날마다 싸우는 우리 제자광성교회의 지체들께 이 자리를 빌어 감사드립니다.

중보기도의 선봉에 선 사랑하는 아내 원정미 사모와 하나님이 주신 하나뿐인 여식, 서윤이와 한평생 고생하신 모친과 장모님께 이 책을 드리고 싶습니다. 이 모든 것이 하나님의 은혜입니다.

박한수

차례

part 3 기도 가치

part 4 기도 목적

1 PART

기도 응답

너는 부르짖으라

01

기도는 무엇인가?

예레미야 33:1-3

영과 육은 상치(相馳)됩니다. 영과 육은 서로 반대라는 것입니다. 영이 충만하면 육이 약화되고, 육이 충만하면 영이 죽습니다. 하나님을 많이 만나면 사람 만날 일이 없고, 사람만 많이 만나면 하나님을 못 만납니다. 기도를 많이 하면 세상과 멀어지고 남의 말을 못합니다. 우리가 쓸데없이 말을 많이 하는 것은 기도를 하지 않고 있다는 방증입니다. 육의 힘은 쓰면 없어집니다. 그래서 음식을 먹거나 쉬어야 보충이 됩니다. 그러나 영의 힘은 안 쓰면 남는 것이 아니라 그만큼 퇴보합니다. 영은 갈고닦을수록 더 힘이 생기는 것입니다.

마가복음 1장에 보면 예수님은 엄청나게 바쁘셨습니다. 복음을 전파하고, 귀신을 쫓아내고, 병든 사람들을 고쳐주셨습니다. 몰려드는 병자들을 거절하지 못하고 불쌍히 여겨 치료해주셨습니다. 식사할 겨를도 없었습니다. 하지만 예수님은 병자들을 일일이 만나

기도해주고 늦게까지 치료하실 필요가 없는 분입니다. 몇십 명 몇백 명이 모여 있든지 "다 각색 병에서 놓임을 받을지어다" 이렇게 한 말씀만 하시면 사람들이 그 자리에서 벌떡벌떡 일어나고, 말하고, 보게 되어 뛰면서 집으로 돌아갈 것이기 때문입니다.

그러나 성육신하신 예수님은 우리를 사랑하셨고, 우리를 진정으로 이해하고 싶어 하셨기 때문에, 우리와 똑같이 만지고 일일이 기도하고 오랜 시간에 걸쳐서 사역하셨습니다. 밤이 늦도록 사역하신 다음 날에도 예수님은 새벽 미명에 일어나 한적한 곳으로 가서 기도하셨습니다. 그럴 때 제자들이 예수님이 어디 계신지 금세 찾았다는 것은 예수님이 항상 그렇게 사셨다는 뜻입니다.

한국 교회도 지난 100여 년 동안 새벽기도가 없었다면 버티기 어려웠을 것입니다. 우리가 금요기도회에 나와 찬양하고 말씀을 듣고 기도하면 지칠 것 같은데, 오히려 이 자리에 나오지 않으면 파김치가 됩니다. 이것이 영적인 비밀입니다. 영적인 것은 쓸수록 힘이 생깁니다.

기도교 기독교

기독교는 기도교(祈禱教)라는 말이 있습니다. 그만큼 신앙과 기도는 불가분의 관계에 있습니다. 모든 종교에는 기도가 있고, 우리보다 더 많이 기도하는 종교도 있습니다. 이슬람교는 하루 5번씩

메카를 향해 기도하는 것으로 유명합니다. 한 달여 라마단 기간에는 해가 뜰 때부터 해가 질 때까지 의무적으로 금식하며 기도합니다. 그러니까 낮에는 금식하다가 해가 지고 밤이 되면 음식을 먹는 것입니다. 이런 가짜 금식 행위도 얼마나 영발이 센지, 라마단 기간이 되면 선교사들의 중보기도 요청이 빗발칩니다.

이처럼 기도는 엄청난 영적 대결입니다. 무당도 영험한 신(神)을 받으려고 목욕재계하고 기도하고, 도(道)에 심취한 중도 삼천배, 만배씩 기도를 합니다. 기도에 드리는 정성이나 분량으로 따지면 우리가 한참 밀립니다. 그러나 그들은 가짜이고, 우리가 믿는 참된 신이신 하나님이 진짜이기 때문에, 우리에게 예수 이름이 있기 때문에 우리의 적은 노력에도 불구하고 은혜로 우리가 이 영적 대결에서 이기고 버티는 것입니다.

특별히 기독교 신앙에서 기도는 절대적입니다. 기도하지 않는 교회, 기도하지 않는 성도는 성도와 교회라고 할 수 없습니다. 성경에서 교회는 여러 가지로 정의되고 있습니다. 그런데 무엇보다 교회는 만민이 와서 기도하는 집이라 불리고, 만민을 위해 기도하는 곳으로 인정되어야 한다는 것이 예수님의 뜻이었습니다.

내 집은 만민이 기도하는 집이라 일컬음이 될 것임이라 사 56:7

기록된 바 내 집은 만민이 기도하는 집이라 칭함을 받으리라고 하지 아

니하였느냐 너희는 강도의 소굴을 만들었도다 하시매 막 11:17

그러니까 교회는 기도하는 곳입니다. 교회가 작든, 교회가 가난하든, 교회 시설이 좋지 않든 그런 것은 괜찮습니다. 교회가 기도하는 곳이라는 인식만 있다면 성도는 교회에 와서 무조건 기도하려고 할 것입니다. 우리가 교회에 간다고 하면 세상 사람들도 기도하러 간다고 인정할 정도가 되어야 하는 것입니다. 그러나 현실은 어떻습니까? 수만 명이 모인다는 대형교회도 새벽기도나 철야기도를 하지 않아 예배당이 텅텅 비어 있습니다. 고작 수십 명이 둘러앉아 기도하니 어떻게 소돔과 고모라 같은 이 세상을 이기고, 무슬림들을 이기고, 포괄적 차별금지법을 막아낼 영의 힘이 있겠습니까?

기도하는 것을 나쁘게 생각하는 사람은 하나도 없습니다. 기도가 좋고, 기도가 강력해야 하고, 마땅히 기도해야 한다는 것을 모르는 그리스도인들도 없습니다. 기도하는 사람을 존경하고, 기도하는 사람을 보면 믿음이 있다고 다 칭찬합니다. 동서고금을 통틀어 예수님을 온전히 믿고자 하고, 예수님을 제대로 만난 사람은 기도하려고 몸부림을 쳤습니다.

기도는 본능이다

기도는 기독교에만 있지 않습니다. 믿지 않는 사람도 기도합니다. 옛날 우리 조상들도 가족들 잘되라고 정화수를 떠놓고 날마다 빌었습니다. 기도는 위기를 만난 모든 사람에게 본능이라 할 수 있습니다. 어떤 중이 얼어붙은 강 위를 건너다가 얼음이 깨져 강에 빠지자 "아이고, 하나님, 살려주시오" 그랬다고 하고, "전쟁의 참호 속에는 무신론자가 없다"라는 유명한 말도 있습니다. 이렇듯 기도는 본능과 같아서 꼭 배워야만 할 수 있는 것은 아닙니다. 그러나 본능적이고 원초적인 기도로는 하나님을 제대로 알 수 없습니다.

하지만 저는 그리스도인이 "아버지"만 불러도 기도라고 생각합니다. 혈루증 앓던 여인이 예수님의 옷가에 손을 대기만 했는데 병이 나았고, 맹인 바디매오가 "다윗의 자손 예수여, 나를 불쌍히 여기소서" 이렇게 소리만 질렀는데 예수님께서 그를 치유해주셨습니다. 물론 배워서 기도하는 것도 좋지만, 옳은 기도, 틀린 기도를 따지지 말고, 일단 기도부터 하면 주님이 기도를 가르쳐주십니다.

복수심에 차서 기도하면 안 되고, 누구를 저주하면서 기도하면 안 되고, 믿음 없이 기도하면 안 되고, 마음껏 울어도 되고, 욕심을 내려놓고 기도하라고 하십니다. 그러면 방언도 주시고, 난데없이 어느 선교사님이 기억나게 하시기도 하고, 교회를 위해 기도하고, 나라를 위해 기도하고, 위정자를 위해 기도하고, 북한의 김OO을 위해 기도하게 하시기도 합니다. 내 문제도 태산인데 갑자기 어떤 사람이 떠올라 그를 위해 기도하게 하십니다.

이런 일들이 어떻게 일어납니까? 우리가 기도할 때 성령께서 기도를 가르쳐주시기 때문입니다. “너는 부르짖으라”라는 말씀을 듣고 무조건 기도부터 하고, 더 많이 기도할 때 강력한 역사가 일어날 것을 믿습니다. 무조건 기도하시기 바랍니다. 답이 안 보이거든 기도하고, 앞길이 막막해도 기도하고, 사람이나 방법을 찾지 말고 하나님을 찾아 돌파하고, 응답받고, 문제를 해결하시기 바랍니다.

예수님이 생각하시는 기도

이방인들과 유대인, 바리새인들은 기도를 많이 했는데도 예수님으로부터 책망을 면하지 못했습니다. 그들은 기도했으나 그것이 기도가 아니었기 때문입니다. 그렇다면 주님이 그들의 기도를 왜 부정하셨을까요?

> 또 기도할 때에 이방인과 같이 중언부언하지 말라 그들은 말을 많이 하여야 들으실 줄 생각하느니라 마 6:7

1. 중언부언은 참된 기도가 아니다

하나님의 백성이 이방인들처럼 쓸데없는 말을 되풀이한다면 그것은 기도의 진정성보다 기도의 행위 자체에 목적을 두었다는 것이며, 그것은 기도를 들으시는 하나님을 의식하기보다 기도하는 모습을 보는 사람들을 의식하는 것입니다. 그러면 필연적으로 시간과 장소가 더 중요해집니다. 많은 시간 기도하는 척하고, 사람들에게 보이려고 길모퉁이에 서서 기도하기를 좋아합니다(마 6:5). 그러나 주님은 그런 기도를 듣지 않으십니다. 우리는 신앙인으로서 기도를 많이 한다는 최고의 칭찬을 듣고 싶은 유혹에서 벗어나야 합니다. 기도는 사람이 들어주는 것이 아니라 하나님이 들으시는 것입니다.

물론 진실한 마음이라면 길에서도 기도할 수 있습니다. 일하면서, 운전하면서 눈을 뜨고 기도할 수도 있습니다. 어떤 목사님은 군대에 가서도 새벽기도를 했다고 합니다. 다들 하기 싫어하는 가장 힘든 시간대에 자원하여 총을 들고 보초를 서며 기도한 것입니다. 저 북녘땅에서도 새벽기도 하는 분이 있다는 것을 아십니까? 남편에게도 자식한테도 자신이 예수를 믿는다고 드러내지 못하고, 새벽 3시 석탄을 실은 기차의 기적 소리를 자명종으로 알고 일어나 그 긴 기차가 지나갈 때까지 엎드려 기도하는 분이 있었다고 합니다. 하나님은 이런 진실한 기도를 들으십니다. 나의 기도를 들으시는 하나님께 밤이든 낮이든 언제든지 어디서나 기도는 그렇게 하는 것입니다.

2. 삶과 동떨어진 기도는 참된 기도가 아니다

바리새인은 자신이 이레에 두 번 금식하고 소득의 십일조를 드린다고 기도했는데도 칭찬은커녕 책망만 받았습니다. 그것은 그들의 말과 행동이 달랐기 때문입니다. 사랑하게 해달라고 기도하지만 기도의 자리에서 일어나는 즉시 찬바람이 나고, 차별금지법을 막아달라고 기도하면서 행동에 나서지는 않습니다. 가족의 구원을 위해 기도했으면 입을 열어 전도해야 하는데, 영혼을 살려달라는 걱정뿐입니다. 이것은 거짓이요, 위선적인 기도일 뿐입니다. 기도는 우리의 말과 행동이 일치될 때 강력해집니다.

기도는 하나님과의 교제다

그러면 진짜 기도는 무엇일까요? 첫째, 기도는 하나님과의 교제입니다. 우리가 누구와 만나려면 어떤 방법으로 만나게 되나요? 먼저 만나기로 약속을 해야 합니다. 아무개에게 전화나 문자로 만나러 가도 좋은지, 언제 시간이 되는지 물어봐야 합니다. 만나기 싫다고 하면 속절없이 만나지 못합니다. 약속 없이 갑자기 찾아가면 설령 그 사람이 만나주지 않아도 결례가 아닙니다. 그런데 만나기는 만났는데 그냥 와버린다면 그것도 만난 것이 아닙니다. 만난다는 것은 만나서 대화하고 소통한다는 것입니다.

저에게도 만남을 요청하는 분들이 있습니다. 사정상 만나기 어려울 때 "그러면 전화로 하시지요"라고 청할 때가 있는데, 꼭 만나서 이야기해야 한다고 하다가 끝내 만남이 이루어지지 않기도 합니다. 그 경우에 결국 아무 일도 일어나지 않습니다. 하지만 "바쁘시니 전화로라도 간단히 말씀드리겠다"라고 해서 대화가 시작되면 그 대화를 통해 정보가 교환되고, 사람을 소개받기도 하고, 딱한 사정, 좋은 소식, 진정한 충고와 권면을 나누며 서로 유익을 얻게 됩니다. 왜냐하면 전화로 이야기해도 충분히 알아듣고 만난 것과 같은 가치가 있기 때문입니다.

반대로 직접 만나도 대화가 안 되는 만남도 있습니다. 그런 측면에서 본다면 말하는 것이 곧 만나는 것입니다. 우리가 하나님께 부르짖든지, 묵상하든지, 말을 하는 것은 어떤 의사를 전달하는 행위입니다. 방언 역시 내 영이 하나님께 요구하든지, 찬성하든지, 간구하든지, 사정하든지, 하소연하든지, 감사하는 것입니다. 내 입으로 뭔가 말을 할 때 주님과 교제가 일어나기 시작합니다. 이렇듯 진정한 기도는 하나님과 만나는 것이고, 하나님을 만난 사람을 통해 하나님께서 어떤 일을 이루시는 것입니다.

> 예레미야가 아직 시위대 뜰에 갇혀 있을 때에 여호와의 말씀이 그에게 두 번째로 임하니라 이르시되 일을 행하시는 여호와, 그것을 만들며 성취하시는 여호와, 그의 이름을 여호와라 하는 이가 이와 같이 이르시도다 너는 내게 부르짖으라 내가 네게 응답하겠고 네가 알지 못하는 크고 은밀한 일을 네게 보이리라 렘 33:1-3

시위대 뜰에 갇힌 예레미야에게 주님이 찾아오셨습니다. 그리고 말씀을 통해서 하나님의 뜻이 예레미야에게 전달됩니다. 자기 편 하나 없이 죽을지 살지 모르는 끝장나버린 선지자 예레미야에게 찾아오신 하나님께서 말씀하십니다. "너는 부르짖기만 해라. 나한테 말을 해, 내가 네 말을 듣고 일해줄게. 나한테 말을 해, 내가 너 대신 성취해줄게. 나한테 말을 해, 너의 지혜와 능력으로는 한계가 있지만 내가 크고 은밀한 일을 다 너에게 보여줄게." 예레미야는 오직 하나님께 기도하여 말함으로써 그분과의 깊은 교제를 통해 놀라운 비밀을 아는 자가 되었습니다.

우리가 대통령을 만나는 사람, 재벌 총수를 만나는 사람을 무시할 수 있습니까? 그런 사람은 엄청난 비밀을 알게 될 뿐만 아니라 그들의 문제나 고민 또한 해결될 것입니다. 그러면 우리 하나님이 재벌 총수나 대통령보다 못합니까? 아무리 대통령이라도 감정이 변하기도 하고, 거짓말도 하고, 사람들에게 속기도 하고, 엉뚱한 소리도 하고, 사심을 품기도 합니다. 그러나 하나님은 변치 않으시고, 신실하시고, 정직하시고, 완전하신 분입니다. 그런데 그런 분을 놔두고 왜 사방으로 돌아다닙니까? 그분께 와서 말하고 그분과 교제하는 것이 기도입니다.

기도는 단순한 말이 아니라 하나님을 만나는 도구입니다. 하나님을 언제든지 만나는 사람과 하나님과 담쌓고 사는 사람의 형편이 어떻게 비교가 되겠습니까? 예수님은 들판에서 기도하셨습니다. 바울과 베드로와 같은 사도들도 수시로 기도하며 하나님을 뜻을 묻고 행동했습니다. 모세는 백성들과 떨어져서 회막을 짓고 그곳에서 주님과 대면하고, 고민을 말하고, 전략을 얻고, 응답을 받았습니다. 그것이 이스라엘이 40년 동안 광야에서 생존했던 이유이기도 합니다.

조지 워싱턴 카버(George Washington Carver, 1864-1943) 박사는 미국 목화 산업이 침체되고 난 뒤 지력(地力)을 회복시키기 위해 땅콩을 심는 획기적인 제안을 하게 되었습니다. 그것으로 토지가 회복되고 땅콩을 생산하는 일거양득의 기회가 되었지만, 곧 땅콩이 과잉 생산되어 이제는 남아도는 땅콩을 어떻게 해야 할지 고심하게 되었습니다. 그는 땅콩 한 줌을 들고 나아가 하나님께 물었습니다. 그랬을 때 하나님께서는 그에게 땅콩을 쥐어지고 연구실로 들어가라고 말씀하셨고, 그에게 땅콩으로 만들 수 있는 300여 가지 상품에 대한 영감과 지혜를 부어주셨습니다. 이것이 교제의 놀라운 능력입니다.

기도는 일단 하는 것이다

기도를 일방통행으로 하지 말고, 기도를 너무 어렵게만 생각하지 말기를 바랍니다. 기도는 꼭 배워야만 하는 것이 아닙니다. 갓난아이 앞에 국어책을 펴놓고 ㄱ(기역), ㄴ(니은), ㄷ(디귿), ㄹ(리을), "아빠"는 이렇게 쓰는 거라고 가르치는 사람은 없습니다. 우리는 말부터 하고 글을 배웁니다. 우리가 몇십 년 영어를 공부해도 영어가 잘 안 되는 이유는 글을 배우고 말을 하려고 하기 때문입니다.

기도도 마찬가지입니다. 기도는 일단 하는 것입니다. 이제 막 교회에 나와 기도할 줄 모른다는 소리는 하지 마십시오. 그다음 날부터 새벽에 나오고, 그다음 날부터 철야기도에 나오면 됩니다. 그날부터 당장 엎드려 기도하면 하나님께서 그 기도도 들어주십니다. 얼마나 좋으신 하나님입니까? 기도를 배워야 한다면 누가 기도하겠습니까? 일정한 수준 이상의 사람들의 기도만 들으신다면 우리 하나님은 공평하신 하나님이 아닙니다. 그러나 우리가 "주여"라고 부르짖기만 해도 '네가 아프구나', '네가 지금 돈이 없구나', '네 자식이 속을 썩이고 있구나', '네가 교회에서 억울한 일을 당하고 있구나'라고 다 아십니다. 예수만 불러도, 아버지만 불러도 그 기도가 진실한 기도라면 다 응답해주실 것을 믿습니다.

> 너는 내게 부르짖으라 내가 네게 응답하겠고 네가 알지 못하는 크고 은밀한 일을 네게 보이리라 렘 33:3

이 나라의 운명이 기도하는 자에게 열려 있습니다. 기도하는 자에게 다음세대의 장래를 보여주십니다. 금쪽같은 내 자식의 장래가 기도하는 아버지 어머니의 무릎에 달려 있습니다. 이 사실을 직시한다면 기도가 얼마나 놀라운 축복이며, 기도를 쉬는 것이 얼마나 어리석은 일인지 알게 될 것입니다. 우리 모두 기도를 짐으로 여기지 않고, 기도를 복으로 여기는 눈이 떠지기를 축복합니다.

주님은 십자가에 달리시기 전날까지 겟세마네 동산에서 기도하셨습니다. 그러나 예수님이 뭐가 아쉽고 부족해서, 무슨 못할 일이 있거나 무슨 죄가 있어서 기도하셨을까요? 예수님은 오직 한 가지, 아버지의 뜻을 성취하기 위하여 기도하셨습니다. 생전에 예수님과 함께 대화하던 제자들은 예수님이 승천하신 다음에도 주님과 대화를 이어갔습니다.

> 너희가 내 이름으로 무엇을 구하든지 내가 행하리니 이는 아버지로 하여금 아들로 말미암아 영광을 받으시게 하려 함이라 내 이름으로 무엇이든지 내게 구하면 내가 행하리라 요 14:13-14

예수님과 함께 있을 때 제자들은 예수님의 이름으로 구하지 않았습니다. 그런데 이제 예수님이 이곳에 안 계십니다. 그러나 우리가 예수님의 이름으로 기도하면 주님이 하늘에서 들으시고 사람을 통해서, 상황과 환경을 바꾸셔서 응답해주십니다.

기도하면 하나님의 뜻과 계획을 알게 된다

둘째, 기도는 하나님의 마음과 계획과 생각을 알아내는 것입니다. 우리가 사람과 대화하다보면 그 사람의 생각과 계획과 바람을 알게 됩니다. 또한 사람끼리도 생각이 다르기 때문에 대화가 필요합니다. 그만큼 하나님의 생각과 우리의 생각 역시 다를 때가 많습니다.

> 악인은 그의 길을, 불의한 자는 그의 생각을 버리고 여호와께로 돌아오라 그리하면 그가 긍휼히 여기시리라 우리 하나님께로 돌아오라 그가 너그럽게 용서하시리라 이는 내 생각이 너희의 생각과 다르며 내 길은 너희의 길과 다름이니라 여호와의 말씀이니라 사 55:7-8

우리의 생각에는 하나님께서 불의한 자, 악인을 무조건 다 죽이실 것 같지만, 하나님의 생각은 꼭 그렇지만은 않습니다. 그러니 우리가 기도하지 않으면 우리는 누군가 정죄하고 죽이게 되고, 우리가 기도하면 하나님은 내 생각과 달리 그 사람을 용서하시고, 그를 사랑하신다는 것을 알게 됩니다.

우리가 기도하면 미운 사람이 불쌍해 보이고, 내 잘못이 더 커 보여서 결국 사과하게 됩니다. 이것이 기도한 사람만이 알게 되는 하나님의 마음입니다. 결국 기도하는 사람만이 인생을 낭비하지 않습니다. 기도하는 사람만이 나를 꺾으시고 나를 바꾸시려고 하는 하나님의 계획과 뜻을 알게 됩니다. 기도하면 원망이 사라지고 미운 사람이 없어집니다.

기도하면 힘과 능력을 얻는다

셋째, 기도하면 힘을 얻게 됩니다. 기도하지 않으면 힘이 덜 들어서 힘이 생길 것 같아도, 기도하지 않으면 우리는 더 지칩니다. 우리는 기도를 할 때 힘이 생깁니다. 육은 영을 이기지 못합니다. 사람을 만나면 진이 빠지지만, 하나님을 만나면 답을 얻고 능력과 힘을 얻습니다.

> 오직 여호와를 앙망하는 자는 새 힘을 얻으리니 독수리가 날개치며 올라감 같을 것이요 달음박질하여도 곤비하지 아니하겠고 걸어가도 피곤하지 아니하리로다 사 40:31

사람도 두 종류가 있습니다. 만나면 흉보고, 남의 말 하고, 그래서 상처만 주고받게 되어 힘이 빠지는 사람이 있습니다. 그런 사람은 은혜와 능력을 빼앗아가는 존재입니다. 또 어떤 사람을 만나면 기분이 좋고, 용기가 나고, 답을 얻고, 힘이 생겨서 다시 해보겠다는 생각이 듭니다. 이렇듯 사람도 만나서 상쾌하고 기분 좋은 사람, 힘이 나는 사람이 있는데, 하물며 우리가 완전하신 하나님을 만나 대화하는데 얼마나 놀랍게 회복되겠습니까? 예배도 만남이고, 찬송도 만남이고, 전도도 만남입니다. 그러나 가장 원초적인 비밀은 이 기도의 능력입니다.

너희가 내게 부르짖으며 내게 와서 기도하면 내가 너희들의 기도를 들을 것이요 너희가 온 마음으로 나를 구하면 나를 찾을 것이요 나를 만나리라 렘 29:12-13

오늘 우리에게 기도의 영이 임하기를 원합니다. 기도의 능력이 있기를 원합니다. 기도는 짐이 아닙니다. 기도는 능력입니다. 기도는 비밀입니다. 기도는 축복입니다.

02

응답받는 기도가 따로 있는가?

야고보서 5:15-20

저는 이 시대 신앙의 위기가 기도의 위기에서 왔다고 봅니다. 한국 교회가 작정하고 온 성도들이 불붙듯이 일어나 새벽기도와 철야기도를 하며, 기도원에 가서 금식하기 시작하면 이 나라는 바뀌어집니다. 우리 교회를 지탱하는 힘 역시 재정이나 프로그램이 아닙니다. 우리 교회를 이끌어가는 것은 성도의 기도입니다.

공부를 못하는 아이일수록 공부해야 한다는 공부에 대한 짐을 지고 살아갑니다. 공부에 대한 압박감으로 공부를 안 해도 꿈에서는 공부하는 꿈을 꾸기도 합니다. 공부를 잘하는 것이 귀하고, 공부를 하면 인생이 달라질 것을 알아도 공부를 열심히 잘하기가 쉽지 않습니다.

기도도 마찬가지입니다. 기도하면 분명히 응답이 있고, 기도하면 뭔가 역사가 일어나고, 기도하면 내가 달라질 것을 알고, 어쨌든 기도하면 하나님의 은혜가 임할 줄 아는데도 우리가 기도를 못하고, 또 기도를 충분히 하지 못한다는 압박감을 가지고 살 만큼 그리스도인에게 기도는 가치가 있고 중요한 일입니다.

로또 복권에 당첨되었는데 당첨금을 안 찾아가는 사람이 있겠습니까? 있다면 아마 자기가 당첨된 줄 모르기 때문일 것입니다. 서울대 합격통지서를 받아놓고 누가 안 가겠습니까? 어쩔 수 없는 형편이 아니라면 다 서울대에 갈 것입니다. 기도는 하나님과 나누는 깊은 교제입니다. 그 교제를 통해 하나님의 깊으신 뜻과 생각과 계획을 알게 됩니다. 하나님이 주시는 힘을 얻습니다. 이런 기도의 축복을 로또 복권이나 서울대와 바꿀 수 있나요?

기도의 능력은 하나님이 우리에게 허락하신 낚싯대와 같습니다. 고기를 많이 잡든 적게 잡든 낚싯대가 있으면 고기를 잡을 수 있는 것처럼 우리가 예수 이름으로 기도하면 하나님께서 그 기도를 들어주시는데, 그것을 시도조차 하지 않는다면 얼마나 어리석고 미련한 짓이겠습니까?

우리가 기도에 대한 개념을 빨리 바꿀 필요가 있습니다. 기도는 짐이 아닙니다. 기도는 축복입니다. 하나님께서 베풀어주신 복이 너무 많은데 그중에서 구원의 은총 다음으로, 어쩌면 예수 이름의 능력으로 기도하는 이 기도의 복이야말로 최고의 특권인지 모릅니다.

바리새인의 응답받지 못하는 기도

두 사람이 똑같이 일하는데 어떤 사람은 인정을 받고, 어떤 사람은 책망을 받습니다. 똑같은 음식을 만들어내는데 한 곳은 맛집이 되고, 다른 곳은 망해서 폐업을 합니다. 똑같이 기도하는데 어떤 사람은 응답을 받고 어떤 사람은 목만 아픕니다.

바리새인과 세리 두 사람이 기도하는데 바리새인은 기도를 많이 했는데도 불구하고 예수님의 책망을 받았습니다. 주님이 보시기에 그것은 기도가 아니었습니다. 도대체 왜 이런 일들이 생길까요? 이런 일들이 그때만 있었을까요? 오늘날의 교회 안에서는 이런 일들이 없을까요? 책망받은 바리새인의 기도는 도대체 무엇이 잘못되었을까요? 결국 이런 기도는 응답을 받을 수 없는 기도입니다.

1. 기도와 삶이 분리되어 있었다

하나님은 기도의 소리만 듣지 않으십니다. 소리로 치면 많은 양의 기도를 한 바리새인들이 다 응답을 받아야 합니다. 그러나 하나님은 그들의 기도를 외면하셨습니다. 이것은 마치 하나님께서 아벨과 그의 제물을 받으시고, 가인과 그의 제물을 동시에 받지 않으시는 것처럼, 하나님께서는 그 사람의 마음만 받고, 그 사람의 행동만 받지 않으시기 때문입니다.

가인과 아벨이 똑같이 하나님께 제사를 드렸습니다. 저는 가인의 제사가 결코 소홀하지 않았다고 생각합니다. 하나님께 제사를 드린 가인의 정성은 결코 아벨에 뒤지지 않았을 것입니다. 왜냐하면 기복신앙은 인간의 본능이므로 사람은 누구나 제사를 잘 드려서 복을 받기 원하기 때문입니다. 그러니까 제물 자체는 문제가 없었습니다. 그러나 우리가 잘 알듯이 하나님은 아벨과 그의 제물은 받으셨으나 가인과 그의 제물은 받지 않으셨습니다. 결국 문제는 그의 삶이었다는 것입니다.

하나님은 헌금만 받으시는 것이 아니라 그 헌금의 내용까지 받으시는 분입니다. 똑같은 헌금 100만 원이라도 하나님이 받으시는 돈이 있고, 하나님이 거부하시는 돈이 있습니다. 도둑질하고 사기 치고 고리대로 받아낸 돈의 십일조를 하나님이 받으시겠습니까? 사람은 속일 수 있어도 하나님은 속일 수 없습니다. 기도도 마찬가지입니다. 하나님은 기도의 말만 받으시는 것이 아니라 기도하는 사람의 삶까지 받으십니다. 합당한 자가 드리는 합당한 기도, 기도하는 말과 믿음의 행동이 일치하는 것이야말로 금상첨화라 할 수 있습니다.

그런데 우리 가운데 기도와 삶이 분리되어 진실한 마음과 행실은 있지만 기도를 안 하는 사람이 있는가 하면, 거꾸로 삶은 엉망인데 "주여 주여" 부르짖으며 밤낮없이 기도하는 성도가 있다면 하나님의 마음에 둘 다 숙제거리일 것입니다. 만약 저에게 어쩔 수 없이 둘 중 하나를 택하라고 한다면, 저는 비록 삶에 문제가 있더라도 기도하는 사람을 택할 것입니다. 왜냐하면 기도하는 사람이라면 그가 기도할 때 하나님이 그를 바꾸실 수 있다고 믿기 때문입니다. 성경은 단호하게 말합니다.

> 스스로 속이지 말라 하나님은 업신여김을 받지 아니하시나니 사람이 무엇으로 심든지 그대로 거두리라 갈 6:7

현대어 성경으로는 "자신을 속이지 마십시오. 하나님은 조롱을 당하지 않으십니다. 사람은 무엇을 심든지 심은 대로 거두는 법입니다"라고 되어 있습니다. 사람은 서로 속이거나 속을 수 있습니다. 얼마든지 믿음이 좋은 척할 수도 있습니다. 그러나 하나님 앞에서도 그럴 수 있을까요? 하나님 앞에서는 절대 안 통한다는 것입니다. 하나님을 우습게 만만히 여기면 안 된다고 경고하는 것입니다.

기도는 결국 말로 하는 것이기 때문에 하나님께 기도하는 말과 행동이 일치되어야 할 뿐 아니라 하나님께 기도하는 말과 사람에게 하는 말 역시 일치되어야 합니다. 한 입에서 찬송과 저주가 나오고 있습니까? 하나님께 한참 기도해놓고 남의 말, 험담, 거짓말, 교활한 말, 남을 넘어뜨리는 말을 일삼으면서 기도의 응답을 기다린다, 그러고도 어떤 일이 잘되고 있다면 그것은 하나님의 응답이 아닙니다. 뱀의 혀는 두 갈래로 갈라져 있습니다. 그리고 입에서 독이 나옵니다. 어떤 우물에서 독이 나옵니다. 그런데 독만 나오는 것이 아니라 우물에서 물도 나옵니다. 그렇다고 그 물을 먹을 수 있습니까?

마찬가지로 기도하는 입에서 하나님께 기도하는 아름다운 말과 남을 험담하고 시기하고 질투하고 저주하는 말을 같이 쏟아낸다면 우리의 입 역시 기도의 입이 될 수 없습니다. 그 입은 찬송의 입이 아니라 저주의 입니다. 기도는 그럴듯하게 하는데 그 입에서 저주와 교만과 상처 주는 말과 죄인을 무시하고 이방인을 멸시하는 말들을 달고 살았으니 바리새인의 기도가 어떻게 하나님의 응답을 받을 수 있겠습니까?

그런데 사람은 누구든지 남의 말을 합니다. 저부터도 그렇습니다. 이 못된 습성을 고치기가 어렵습니다. 경우에 합당한 말은 아로새긴 은 쟁반에 금 사과(잠 25:11)라고 했는데, 이것이 안 되면 차선책으로 자기 입에 재갈을 물려야 합니다. 성도가 성도답지 않고, 목사가 목사답지 않고, 아버지가 자식만도 못하고, 성도가 불신자보다 더 악하다면 어떻게 기도가 응답되겠습니까?

2. 믿음이 없는 기도였다

그들은 스스로 믿음이 없음을 증명했습니다. 왜냐하면 그들의 기도에 응답이 없었기 때문입니다. 그들의 기도가 진정으로 믿음 있는 기도였다면 응답이 되었을 것이고, 그 응답의 결과로 예수님께 회개했을 것이고, 베드로와 같이 예수님이 하나님의 아들이라는 것을 알려주셨을 것입니다.

> 믿음의 기도는 병든 자를 구원하리니 주께서 그를 일으키시리라 혹시 죄를 범하였을지라도 사하심을 받으리라 약 5:15

믿음의 기도는 병든 자를 살립니다. 반대로 믿음이 없는 기도는 아무 일도 일어나지 않습니다. 믿음의 기도는 혹시 죄를 범했더라도 사하심을 받습니다. 여기서 '혹시'라는 말은 의심이 아닙니다. 우리가 믿음으로 기도하지만 죄를 사해주실 분, 용서의 결정자는 하나님이시라는 의미입니다. 한 가지 분명한 것은, 믿음의 기도는 병든 자도 살리고 어떤 죄인도 구원하는 능력이 있다는 것입니다.

> 그러므로 너희 죄를 서로 고백하며 병이 낫기를 위하여 서로 기도하라 의인의 간구는 역사하는 힘이 큼이니라 엘리야는 우리와 성정이 같은 사람이로되 그가 비가 오지 않기를 간절히 기도한즉 삼 년 육 개월 동안 땅에 비가 오지 아니하고 다시 기도하니 하늘이 비를 주고 땅이 열매를 맺었느니라 약 5:16-18

도대체 기도가 얼마나 엄청나길래 하늘을 닫았다 열었다 하는 것일까요? 우리는 엘리야가 아닙니다. 하지만 엘리야만 그런 일을 했다면 우리는 기도할 이유가 없을 것입니다. 그러나 우리가 엘리야처럼 믿음의 기도를 할 수만 있다면 가능합니다. 엘리야가 우리와 성정이 같은 사람이라는 말이 우리에게 얼마나 힘이 되고 위로가 되는지 모릅니다. 힘없는 보통의 사람일지라도 믿음의 기도에 대한 응답과 기적은 하늘의 문을 열기도 하고 닫을 수도 있다는 것이 믿음의 기도의 능력입니다. 하늘에서 비를 내리시는 분은 하나님이신데, 그 하나님을 움직이는 것이 바로 예수의 이름으로 기도하는 것입니다. 예수님은 우리에게 이렇게 명령하십니다.

> 내 이름으로 무엇이든지 내게 구하면 내가 시행하리라 요 14:14 개역한글

우리에게 예수 이름의 능력을 주시고 그 이름으로 구하면 하나님이 움직여주신다니 이것이 마귀에게 얼마나 무서운 일이겠습니까. 예수님은 친히 이렇게 말씀하셨습니다.

> 내가 진실로 진실로 너희에게 이르노니 나를 믿는 자는 내가 하는 일을 그도 할 것이요 또한 그보다 큰 일도 하리니 이는 내가 아버지께로 감이라 요 14:12

예수님이 어떤 일을 하셨습니까? 예수님은 물 위를 걸으셨고, 풍랑을 잠잠하게 하셨으며, 죽은 나사로를 살리셨습니다. 그런데 믿음으로 구하고 나아가면 주님의 일도, 그보다 더 큰 일도 할 수 있다고 합니다. 도대체 한계가 없다는 것입니다. 결국 믿음의 기도는 하나님이 들어주지 않으시는 것이 없으며, 불가능한 것이 없다는

것입니다. 우리의 믿음의 기도가 적은 것일 뿐입니다.

믿음 없는 기도의 특징

이렇게 바리새인의 기도는 믿음이 없는 기도였습니다. 첫째, 그들은 하나님보다 사람을 추구했습니다. 기도를 습관적으로 종교적으로 하다보니 이방인과 같이 사람들에게 기도하고 있는 것입니다. 누구한테 기도하는지를 잊어버리는 것입니다. 우리도 그럴 수 있습니다. 개인기도를 하거나 중보기도, 철야기도를 할 때도 우리가 누구한테 기도하고 있는지를 분명히 하시기 바랍니다. 우리는 하나님 앞에 기도하고 있습니다.

둘째, 그들은 하나님보다 문제를 추구했습니다. 내가 가진 문제와 고민이 내가 부탁하는 그분보다 크다면 절대 응답받지 못합니다. 하나님보다 문제가 더 크게 보이는데 무슨 응답이 있겠습니까? 내 빚이 1천억인데, 시골에서 다섯 마지기 논농사 짓는 부모님에게 어려운 사정을 이야기해봤자 부모님 속만 탑니다. 그러므로 기도할 때 내 문제보다 하나님을 바라보고 기도해야 합니다. 엘리야가 가물은 땅을 보고 낙심했다면 응답받을 수 없었고, 모세가 눈앞에 홍해를 보면서 그 홍해가 갈라지기를 바랐다면 응답받을 수 없었습니다. 엘리야도 모세도 믿음으로 하나님을 바라보았습니다. 믿음으로 능치 못할 일이 없으니 문제를 보지 말고 그 문제의 열쇠를 쥐고 계신 하나님을 바라보시기 바랍니다. 이것이 믿음의 기도입니다.

셋째, 그들은 가능보다 불가능을 추구했습니다. 우리가 누군가에게 부탁할 때는 가능하다고 믿기 때문입니다. 할 수 없다고 여기면서 뭐하러 기도합니까? 할 수 없다고 여기며 기도하면 할 수 없게 됩니다. 귀신 들린 아들의 아버지가 예수님에게 하실 수 있으면 우리를 도와달라고 합니다. 그러나 주님은 "할 수 있거든이 무슨 말이냐 믿는 자에게는 능히 하지 못할 일이 없느니라"(막 9:23)라고 말씀하십니다. 그렇습니다. 믿는 자들에게는 다 할 수 있는 능력이 있습니다. 믿기만 하면 무슨 일이 불가능하겠습니까. 그러니 불가능이 아닌 가능을 추구해야 합니다.

응답을 믿는 기도

그러면 응답받는 기도는 과연 어떤 기도일까요? 당연히 응답을 믿는 기도입니다. 열두 해 혈루증 앓던 여인이 예수님의 옷가에 손만 대도 병이 나을 것이라는 생각이 믿음입니다. 모든 행동에는 책임이 따릅니다. 동시에 그것은 믿음을 전제로 합니다. 우리가 어떤 행동을 한다면 그것은 그렇게 하지 않는 것보다 하는 것이 낫다는 본능적인 믿음 때문입니다. 병원에 가는 것은 병이 나을 것을 믿기 때문이고, 어떤 사람을 만나 일생을 걸고 결혼을 하는 것도, 자녀를 유학 보내고, 주식에 투자를 하고, 빚을 내서 집을 사는 것도 다 믿음이 있기 때문입니다.

우리가 기도회의 자리에 나오는 것도 기도하면 문제가 해결되고, 상황이 좋아지고, 병이 낫고, 비뚤어진 자식이 돌아오고, 가정에 평화가 찾아오게 될 것을 믿기 때문입니다. 이 믿음이 잘못된 믿음이나 수준 낮은 믿음입니까? 속 보이는 믿음이라고 할 수 있습니까? 기도해서 병이 낫고, 흉악의 결박이 풀어지고, 재정의 문제가 해결되고, 자식이 잘되고, 문제가 해결되는 것이 왜 문제입니까? 기복신앙이니 하는 말은 사치에 가깝습니다. 일단 기도하고 응답을 받는 것이 중요합니다. 기복신앙이라는 비난은 예수 그리스도보다 응답에만 관심이 있고, 다른 아무 변화가 없기 때문입니다.

저는 금요일만큼은 모든 외부 집회 요청을 거절합니다. 금요성령집회를 하면 우리 교회가 살아난다는 믿음이 저에게 있기 때문입니다. 기도하면 반드시 우리 성도가 변화되고, 우리 성도가 복을 받고, 우리 성도가 응답을 받고, 음부의 권세, 마귀의 역사가 거대한 태풍으로 우리 교회에 왔다가도 우리가 기도할 때 작은 바람으로 소멸될 것을 믿기 때문입니다.

하나님께서 선을 이루실 것을 믿는 기도

응답받는 기도는 하나님께서 선을 이루실 것을 믿는 기도입니다.

> 우리가 알거니와 하나님을 사랑하는 자 곧 그의 뜻대로 부르심을 입은 자들에게는 모든 것이 합력하여 선을 이루느니라 롬 8:28

우리가 기도하면 하나님께서 반드시 좋은 일을 이루어주십니다. 이 말씀에는 두 가지 전제가 있습니다. 하나님을 사랑하는 자에게, 그의 뜻에 따라 부름 받은 존재에게 일어납니다. 예수님은 십자가를 앞에 두고 자신의 뜻이 아닌 하나님의 뜻대로 기도하셨습니다.

> 조금 나아가사 얼굴을 땅에 대시고 엎드려 기도하여 이르시되 내 아버지여 만일 할 만하시거든 이 잔을 내게서 지나가게 하옵소서 그러나 나의 원대로 마시옵고 아버지의 원대로 하옵소서 하시고 마 26:39

예수님은 이 땅에서 육체를 가지고 계셨기 때문에, 본능적으로 십자가의 고통을 아시기 때문에 이 잔이 지나가기를 원했습니다. 예수님도 십자가라는 이 잔을 마시고 싶지 않았던 것입니다. 그러나 주님은 이 땅에 오실 때부터 이미 십자가에 죽으시고 부활하시고 다시 오실 재림까지 모든 계획을 가지고 계셨고, 따라서 이 잔을 피할 수 없다는 것을 아셨고, 아는 만큼 고통에 대한 번민도 크셨습니다. 그러나 예수님은 하나님의 묵묵부답을 응답으로 받아들이고 결국 십자가를 지셨습니다. 주님의 기도는 거절당하셨습니다.

> 제구시쯤에 예수께서 크게 소리 질러 이르시되 엘리 엘리 라마 사박다니 하시니 이는 곧 나의 하나님, 나의 하나님, 어찌하여 나를 버리셨나이까 하는 뜻이라 마 27:46

하나님이 예수님을 버린 것처럼 보이지만 그 버리심이 오늘 우리를 살리셨습니다. 그러니까 주님이 옳으셨고 결국 선을 이루신 것입니다. 한 분의 대속으로 모든 인류를 구원하시고, 죽으신 다음에 영원히 죽지 아니하시고 부활 승천하심으로 우리의 만주의 주가 되셨기 때문에, 그분의 죽음까지도 선을 이루시어 마귀를 완전히 패퇴시켜버리는 대역전 드라마가 일어나게 된 것입니다. 이것이 합력하여 선을 이루시는 하나님의 역사입니다.

> 여러 계시를 받은 것이 지극히 크므로 너무 자만하지 않게 하시려고 내 육체에 가시 곧 사탄의 사자를 주셨으니 이는 나를 쳐서 너무 자만하지 않게 하려 하심이라 고후 12:7

하나님은 모든 것이 합력하여 선이 이루어지도록 하시기 때문에, 그분의 응답도 응답이지만 거절도 응답입니다. 우리가 잘 알듯이 바울의 기도 또한 거절당했습니다. 바울이 어떤 인물입니까? 그는 자신을 위해 구하지 않았을 것이고, 그릇된 기도를 하지 않았을 것입니다. 그러나 바울에게 육체의 가시가 없었다면 그는 교만하여 무너졌을 것입니다. 그러니까 바울의 기도에 대한 하나님의 거절은 바울에게 더 유익하고, 당시 교회에 더 유익하고, 하나님께 더 유익한 것이었습니다.

마찬가지로 우리가 드리는 기도가 진실한 기도요 충분한 기도라면, 하나님께서 반드시 더 좋은 것으로 응답하신다는 것을 믿으시기 바랍니다. 그것이 인격적으로 하나님을 인정하는 자세입니다. 염려하지 말고, 앞서가지 말고, 오직 진실한 믿음의 기도를 하시기 바랍니다. 설령 하나님이 늦추시고 막으시더라도 하나님을 믿으시기 바랍니다.

기도를 점검하라

후안 카를로스 오르티즈 목사님은 그의 책에서 우리의 알맹이 없는 기도, 응답 없는 공허한 기도를 가리켜 이렇게 말했습니다. "우리 기도의 대부분은 하늘나라에서 잡동사니 우편물처럼 취급당합니다." 우리도 택배로 물건을 받으면 알맹이를 빼고 나머지 박스를 쓰레기로 버리듯이, 성도들의 많은 기도가 하늘에 올라가기는 해도 알맹이가 없으면 쓰레기통에 그대로 던져진다고 탄식한 것입니다. 우리의 기도가 바리새인의 믿음 없는 기도, 이방인들처럼 의미 없이 말을 많이 하는 오염된 기도가 아닌지 체크해보십시오. 실체가 없고 응답이 없는 기도가 아닌지 체크해보시기 바랍니다.

또한 우리의 기도는 어떻습니까? 우리가 정말 실제로 기도하고 있는지 체크해보시기 바랍니다. 우리가 학교에서 실제로 공부하는 시간이 얼마나 됩니까? 직장에서 순수하게 업무에만 열중하는 시간은 얼마나 되나요? 우리가 실제로 진정한 기도를 드리는 시간이 얼마나 됩니까? 교회에 와서 3시간을 머물다 가도 기도는 10분 하고 갈 수도 있습니다. 교회에서 살다시피 하고, 새벽기도, 철야기도에 꼬박꼬박 참석하는 것이 문제가 아닙니다. 실제로 기도를 안 하면 무슨 소용이 있습니까. 자칫 본인은 억울하다고 할 수도 있습니다. 새벽기도, 철야기도에 꼬박 참석했는데 하나님이 응답해주지 않으신다고 합니다. 그러나 그것은 기도를 안 한 것입니다. 기도를 안 했는데 어떻게 응답을 받습니까? 잘못된 기도에 어떻게 응답해주시겠습니까?

진짜 기도를 하시기 바랍니다. 우리의 기도가 잘못되었다면 기도하는 중에 잘못된 기도를 깨닫게 해달라고 기도하십시오. 우리가 제대로 된 기도를 하나님 앞에 간절히, 많이 드릴 수만 있다면 우리의 삶에도 놀라운 기적이 일어날 것입니다. 믿음의 기도, 올바른 기도, 강력한 기도, 능력 있는 기도를 드리십시오. 기도의 영을 부으사 변화를 위해 기도하고, 역사를 위해 기도하고, 치유를 위해 기도하여 응답받는 기도의 주인공이 되게 해달라고 간절히 부르짖으시기 바랍니다.

03

응답 없는 기도는 필요 없는가?

마태복음 26:36-46

유정옥 사모님이 '말하지 않아도 들리는 소리'라는 제목의 책을 쓰셨습니다. 그 제목만 보면 말하지 않는데 어떻게 들리냐고 할 수도 있습니다. 그런데 사람은 꼭 말로만 뜻을 전달할 수 있는 것은 아닙니다. 물론 말이 중요한 의사 전달 수단이기는 해도 우리의 눈빛, 손짓도 말이 될 수 있고, 오히려 말하지 않는 것 자체가 강력한 의사 표현이자 메시지가 되기도 합니다. 그러니까 말하지 않아도 소리가 나갈 수 있고, 아무리 많은 말을 쏟아내도 소음일 뿐인 말도 있습니다. 이처럼 비록 응답을 받지 못했더라도 기도는 기도로서 엄청난 가치가 있다는 것을 발견하시기 바랍니다.

예수님이 제자들의 발을 씻기셨습니다. 사실 이것은 몇 날 몇 시간을 강의한 것보다 더 강력한 메시지입니다. 집에 손님이 오면 발 씻을 물을 주고 손님의 발을 씻겨주는 것이 고대 근동의 예의이자 전통이었습니다. 더욱이 그것은 종의 역할입니다. 그러니 예수님께서 하나님의 아들이시면서도 자신을 낮추어 제자들의 발을 씻기신 것은 두말할 것 없이 제자들도 예수님처럼 겸손하라는 것입니다. 낮은 자리로 내려가 섬기라고 하는 메시지입니다. 어떤 말보다 더 강력한 모범입니다.

거절당한 기도

본문은 예수님의 기도가 거절당한 이야기입니다. 예수님도 스스로 고백하셨듯이 하늘에 계신 아버지께서는 이 땅에 오신 예수님의 기도를 한 번도 외면하신 적이 없으셨습니다. 주님은 죽은 나사로를 고치시기 전에 다음과 같이 고백합니다.

> 아버지여 내 말을 들으신 것을 감사하나이다 항상 내 말을 들으시는 줄을 내가 알았나이다 그러나 이 말씀 하옵는 것은 둘러선 무리를 위함이니 곧 아버지께서 나를 보내신 것을 그들로 믿게 하려 함이니이다
>
> 요 11:41-42

예수님은 하나님께서 예수님의 기도를 다 들어주신다는 것을 잘 아십니다. 그러니 예수님의 기도를 외면하실까 걱정하거나 사정하는 것이 아니요, 예수님이 기도함으로 하나님께서 예수님의 기도를

들어주시는 것을 보고 모인 무리가 예수님이 누구신지 알고 믿게 하기 위함이라고 말씀하십니다. 그러나 항상 모든 기도에 응답하셨던 하나님께서 그 아들이 가장 위급할 때 드린 기도에는 침묵하셨습니다. 그러면 하나님께서 십자가를 앞두고 겟세마네 동산에서 드린 예수님의 기도를 외면하신 것입니까? 아니면 예수님의 기도가 헛된 것입니까? 결코 그렇지 않다는 것입니다.

> 베드로와 세베대의 두 아들을 데리고 가실새 고민하고 슬퍼하사 이에 말씀하시되 내 마음이 매우 고민하여 죽게 되었으니 너희는 여기 머물러 나와 함께 깨어 있으라 하시고 마 26:37-38

예수님은 매우 근심하며 괴로워하기 시작하셨습니다. 겟세마네 기도는 예수님의 기도 중에 절정의 기도입니다. 예수님은 얼굴을 땅에 대고 엎드려 땀방울이 핏방울이 되어 흐를 정도로 기도하셨습니다. 실제로 극도의 스트레스를 받을 때 모세혈관이 터져서 땀구멍으로 피가 섞여서 흐를 수 있다고 합니다. 그만큼 예수님은 모든 진액을 쏟아부어 최후의 기도, 애통의 기도를 드리셨습니다. 그런데도 예수님의 이 겟세마네 기도가 의미 없습니까?

지금도 절정기에 있는 젊은 청년들이 군에 입대하여 1년 6개월 이상 군인으로서 시간을 보냅니다. 가족의 곁을 떠나 학업도 중단한 채 보내는 그 시간은 개인적으로 어마어마한 손해처럼 느껴질 수 있습니다. 그들을 먹이고 재우고 입히느라 국가에서도 엄청난 재정이 들어갑니다. 결과적으로 의미 없이 시간만 흐르는 것 같아도 그들이 전방에서 총을 들고 그들의 인생을 허비해주었기 때문에 이 나라가 안전하게 지켜진 것입니다. 마찬가지로 우리가 숱한 시간을 하나님 앞에 나아와 엎드려 기도하고 울고 애통하며 간구했기 때문에 지금 이 자리에 있는 것입니다.

기도란 무엇입니까? 반드시 응답만이 기도의 열매입니까? 그 이상의 가치는 없나요? 즉, 우리가 기도를 하지 않으면 받게 되는 응답보다 더 큰 손실은 무엇이며, 응답 이상의 더 큰 가치는 무엇입니까? 예수님께서 드린 일생일대의 기도가 응답되지 않았다면 예수님의 기도는 과연 어떤 것이었나요?

기도 자체가 능력이다

기도는 응답이 목적이기는 해도 응답이 전부는 아닙니다. 응답 없는 기도도 위대한 것입니다. 기도 응답은 중요합니다. 그러나 우리는 기도 응답을 믿기 전에 '기도 자체'를 믿어야 합니다. 우리가 기도해서 응답을 받는 것도 좋지만 기도하는 것 자체에 중요한 가치가 있습니다.

첫째, 기도는 그 자체가 능력입니다. 우리가 기도하면 능력이 임합니다. 능력을 구하지 않았는데도 능력이 생깁니다. 기도하지 않으면 못 살 것 같고, 절망스러워서 기도하고, 힘들면 기도하고, 하나님이 피난처가 되셔서 성전에 나와 기도한 것뿐인데, 능력 달라고 기도한 적이 없는데, 어느 날 기도하는데 병이 낫고 귀신이 쫓겨나갑니다. 그의 본래 기도의 목적은 능력이 아니었습니다.

모세는 시내산에서 40일을 머물며 하나님을 만났고, 두 번째 십계명 돌판을 받아서 내려왔을 때 백성들은 그에게 가까이하기를 두려워했습니다. 왜냐하면 그의 얼굴 피부에 광채가 났기 때문입니다. 40일 동안 시내산에 있으면서 먹지도 않고 마시지도 않았으면 형색이 꾀죄죄하고 살이 쭉 빠지고 불쌍해 보일 텐데, 온전히 금식하며 주님을 만났을 뿐인데도 그의 얼굴에 광채가 났듯이, 기도하면 능력이 생기고, 기도했더니 영안이 열리고, 기도하니 믿음이 생기는 것입니다. 하나님께서 우리의 능력이 되어주신 것입니다. 그래서 기도는 그 자체로 능력입니다. 응답만이 응답이 아니요, 기도는 그 자체로 응답이며 가치가 있습니다.

기도하는 그리스도인은 능력이 있고, 기도하는 사람에게는 영력이 생깁니다. 바울은 당대 최고의 학벌이었으며 로마 시민권을 가졌지만 그것 때문에 복음이 전해진 것이 아닙니다. 복음 전파는 오직 하나님의 능력으로 되는 것입니다. 바울은 십자가와 오직 예수만 전하기 위해 몸부림쳤고, 그것이 능력의 원천이라는 것을 알았습니다. 그래서 바울은 평생 어마어마하게 기도했고 그렇기 때문에 능력이 나간 것입니다.

기도하는 그리스도인은 건강하다

둘째, 기도하는 성도는 건강합니다. 기도하면 영적으로, 신앙적으로, 성품적으로, 관계성 모두 건강해집니다.

1. 균형

우리 육체의 건강도 영양의 균형이 맞아야 합니다. 설탕도, 고기도, 소금도 먹어야 합니다. 우리 몸에 필요한 영양의 균형이 있듯이 신앙에도 영혼육의 균형이 잡혀야 건강합니다. 모든 성도가 방언만 하거나 귀신을 쫓아내거나 예언만 해서도 안 됩니다. 신유의 은사에 치우쳐도 안 됩니다. 절대로 극단적이어서는 안 됩니다. 교회에 청년들이 많으면 좋겠지만 청년들만 많으면 건강한 것이 아닙니다. 성경만 보고 세상 물정을 통 모르면 세상에 영향력을 끼칠 수 없습니다.

> 평강의 하나님이 친히 너희를 온전히 거룩하게 하시고 또 너희의 온 영과 혼과 몸이 우리 주 예수 그리스도께서 강림하실 때에 흠 없게 보전되기를 원하노라 살전 5:23

성경이 얼마나 놀라운 책입니까? 모든 것이 흠 없이 보전되기를 원하시는 주님이 얼마나 크신 분입니까? 우리 주님은 놀랍도록 균형 잡힌 분입니다. 주님은 잔칫집에도 가셨고 장례식장에도 가셨습니다. 육신의 아들로 충실한 삶을 사셨을 뿐만 아니라 하나님의 아들로서 공생애를 보내셨습니다. 어린아이도 두려움 없이 예수님에게 다가왔고, 수고하고 무거운 짐진 자들을 다 오라고 부르셨습니다. 먹고 마시며 세리와 죄인의 친구가 되어주셨습니다. 그분은 죄가 없으셨지만 죄를 허용하거나 용납하지는 않으셨습니다. 우리가 아무리 기도하고 신령하다고 주님을 앞설 수 있겠습니까? 주님보다 영적이고 주님만큼 균형 잡힌 분이 어디 계십니까?

우리가 진짜 기도하면 성령님께서 우리를 향한 하나님의 진단을 들려주십니다. "네가 잘못했구나", "네가 치우쳤다", "네가 어리석었다", "너에게 문제가 있다"고 알려주시고 다듬어주십니다. 그렇기 때문에 기도하면 영적으로 균형 잡힌 건강한 신앙인이 되는 것입니다. 기도하면 모든 사람과 화평하게 지내는 거룩한 사람이 됩니다.

예수를 믿었으면 더 좋아지고, 더 발전하고, 더 넓어지고, 더 강해지고, 더 단단해지고, 더 친절하고, 더 사랑이 넘치고, 더 여유가 있어야지 세상 근심 다 짊어지고, 대인관계 다 끊어버리고, 집에 틀어박혀서 나오지 않고, 성경책만 보는 괴상한 사람이 되어서는 안 됩니다. 평범하되 깊고, 사랑이 있는 사람, 따뜻한 사람이 되어야지 예수 믿더니 잔인해지고, 몰인정하면서 자신은 천국에 간다고 말하는 이상한 사람이 되어서는 안 됩니다.

2. 회복력

또한 건강하다는 말은 영적으로 회복력이 빠르다는 뜻입니다. 건강한 사람은 하룻밤 자고 나면 금세 회복합니다. 영적으로 회복력이 빠르다는 말은 넘어졌다가도 금세 일어난다는 것입니다. 다윗의 회복력을 보십시오. 다윗은 간음과 간접 살인이라는 죄를 범하였고, 나단 선지자로부터 책망을 들었습니다. 하나님은 다윗과 밧세바 사이에서 태어난 아이를 치셨고 아이는 몹시 아팠습니다. 나단 선지자는 하나님께서 다윗의 죄를 용서하셨고 다윗은 죽지 않겠지만 태어난 아들은 죽을 것이라고 전했습니다. 이처럼 하나님은 한쪽에 천국을, 한쪽에 지옥을 쥐고 계신 분입니다.

그러나 다윗은 아이를 위하여 하나님께 간구하되 금식하며 밤새도록 땅에 엎드려 기도했습니다. 늙은 신하들이 다윗을 걱정하여 다윗을 땅에서 일으키려고 하였지만 다윗은 일어나지도 않았고 음식을 먹으려고 하지도 않았습니다. 아마 다윗은 하나님이 아이를 죽이신다고 하셨지만, 하나님 앞에 간절히 회개하여 하나님이 마음을 바꿔 아이를 살려주시기 전까지 일어나지 않을 작정이었을 것입니다. 먹지도 않고 마시지도 않고 땅바닥에 엎드려 밤을 지새울 만큼 죄는 다 잃어버리고 마는 것이며 지옥의 불처럼 무서운 것입니다.

그러나 결국 이레 만에 아이가 죽었고, 다윗의 신하들은 아이의 죽음을 다윗에게 알리기를 두려워했습니다. 아이가 살아 있을 때도 저 지경이었는데 죽었다고 하면 얼마나 상심이 클지 걱정했기 때문입니다. 하지만 다윗은 신하들이 서로 수군거리는 것을 보고 아이가 죽은 줄을 알았습니다.

> 다윗이 땅에서 일어나 몸을 씻고 기름을 바르고 의복을 갈아입고 여호와의 전에 들어가서 경배하고 왕궁으로 돌아와 명령하여 음식을 그 앞에 차리게 하고 먹은지라 … 지금은 죽었으니 내가 어찌 금식하랴 내가 다시 돌아오게 할 수 있느냐 나는 그에게로 가려니와 그는 내게로 돌아오지 아니하리라 하니라 삼하 12:20,23

하나님께서 이미 그 영혼을 데려가셨으니 더 이상 금식이 부질없다는 것입니다. 20절에 보면 다윗은 여호와의 전에 들어가 경배를 드렸습니다. 자신의 죄가 다 드러났고, 불륜으로 태어난 자식마저 하나님께서 치셔서 죽었는데, 그런 수치스러운 일이 벌어졌는데도 다윗은 하나님을 경배하고 왕궁으로 돌아와 음식을 먹기 시작했습니다. 정말 엄청난 회복력입니다. 아마 보통 사람 같았으면 자기 양심에 찔리고 마귀의 참소에 쓰러져 다시는 이스라엘을 통치하기 어려웠을 것입니다.

그러나 다윗은 하나님 앞에서 일어납니다. 사람들이 자기 욕하는 것을 다윗이 몰랐을까요? 성경에는 나오지 않지만 아마 사람들과 신하들의 눈빛부터 달라졌을 것입니다. 자신의 아내와 자식들에게도 면목이 없었을 것입니다. 그것이 현실입니다. 그러나 다윗은 일어났습니다. 진짜 믿음은 환난의 때에 주님을 더 붙잡으려고 나오는 것입니다. 예수님께 나왔던 사람들 역시 전부 문제투성이였습니다. 예수님께 뛰어나온 인생들을 보십시오. 영적으로 죽은 니고데모, 돈이 있어도 삶의 의미를 찾을 수 없던 삭개오, 예수님의 옷가라도 만지려고 한 혈루증 여인, 딸이 귀신 들린 가나안 여인도 다 문제가 있어서 예수님께 나왔고 그러다가 주님을 만났습니다.

등 따시고 배부르면 우리도 기도회의 자리에 나오지 않을 것입니다. 우리가 이 자리에 있는 것이 은혜입니다. 우리가 예수님을 만나고, 성령 받고, 천국에 가고, 오만하지 않고 겸손하고, 상처받을지언정 상처 주지 않는 것은 바로 약하기 때문입니다. 내 문제로 힘든데 어떻게 남에게 자랑할 수 있습니까? 내 자식도 잘 못 키우면서 남의 자식 잘 키우라는 소리를 어떻게 할 수 있나요? 내가 병들어서 아픈데 누구에게 콩 나라 팥 나라 소리를 합니까? 그래서 더 좋은 것입니다. 세상 사람들이 볼 때는 이해할 수 없지만, 그렇게 몇십 년을 버티다보면 그것 때문에 좁은 문으로 들어가고, 그것 때문에 천국에 가게 되니 이것이 복입니다. 하나님이 하시는 일은 우리의 작은 머리로 알 수가 없습니다. 한 가지 분명한 것은 그분이 우리보다 옳으시다는 것입니다.

3. 기도의 힘

하나님은 다윗을 엄청나게 사랑하셨습니다. 그의 진심 어린 회개를 아시고 다시 밧세바를 통해 아들을 주셔서 솔로몬이 태어났습니다. 아들의 이름은 '여디디야'이며 "여호와께서 사랑하셨다"라는 뜻입니다. 결국 적장자(嫡長子)가 아닌 솔로몬이 다윗을 이어 왕이 되었습니다. 그러니까 하나님은 다윗을 용서하시기만 한 것이 아니라 다윗과 하나님 사이에 완벽한 회복을 주셨습니다. 물론 죄의 대가는 무서울 만큼 치르게 됩니다. 밧세바와 사이에 낳은 아이는 죽었고, 칼이 다윗의 집에서 영원히 떠나지 않아 폭력과 살육과 분쟁이 계속되었으며, 아들 압살롬의 반역으로 쫓기는 신세가 되었고, 그 아들이 백주 대낮에 아버지의 후궁들과 동침하는 패륜을 저지르기도 했습니다.

중요한 것은 하나님께서 다윗을 다시 회복시켜주셨다는 것입니다. 지난날의 잘못과 죄가 나를 묶었다면 저 역시 이 자리에 서 있지 못했을 것입니다. 다시 일어나는 힘은 기도에서 나옵니다. 응답이 없어도 기도하는 사람은 다시 회복될 수 있습니다. 다윗의 기도, 바울의 기도, 모세의 기도, 엘리야의 기도 등 이들이 쓰러졌다가 다시 일어나 쓰임 받은 것은 하나님께 엎드렸기 때문입니다.

> 대저 의인은 일곱 번 넘어질지라도 다시 일어나려니와 악인은 재앙으로 말미암아 엎드러지느니라 잠 24:16

의인은 안 넘어진다고 하지 않았습니다. 일곱 번 넘어지더라도 다시 일어나는 자가 의인입니다. 의인이란 하나님나라에 갈 수 있다는 뜻입니다. 예수님의 의를 입은 자, 하나님의 용서를 받은 자는 일곱 번 넘어지더라도 다시 일어나면 됩니다. 일곱 번 넘어지고 칠십 번 넘어져도 한 번만 일어나면 됩니다. 넘어지고 실패한 횟수가 문제가 아닙니다. 아무리 큰 죄를 짓고 잘못을 했더라도 하나님께 엎드리면 주께서 다시 일으켜 세우시는 은혜를 주십니다. 그러나 악인은 그렇지 않습니다. 한 번을 넘어져도 한 번 넘어져서 끝장나버리는 것이 악인입니다.

이처럼 건강한 신앙은 기도 없이 불가능하며, 건강하다는 증거 역시 기도의 힘에 있습니다. 건강하면 힘이 생깁니다. 참는 것도, 이기는 것도, 견디는 것도 힘이 있어야 가능합니다. 영혼의 힘, 사역의 힘, 신앙의 힘은 바로 기도에서 나옵니다. 다른 데서 오는 가짜 힘을 의지해서는 안 됩니다.

기도하는 그리스도인의 승리

기도하면 힘이 빠지는 것이 아니라 힘이 생기고, 기도하면 시간이 낭비되는 것이 아니라 시간이 남습니다. 기도는 하늘의 문을 여는 열쇠이며, 기도하면 하나님이 일해주시기 때문입니다. 기도하고 있다는 것은 승리하고 있다는 증거입니다. 기도가 약해지면 죄가 커지고, 기도가 강해지면 죄가 힘을 쓰지 못합니다. 죄의 무게와 권세는 똑같이 강력하지만 우리가 기도하고 있으면 죄가 우리를 이기지 못합니다. 따라서 기도하는 그리스도인은 죄를 이깁니다. 기도하는 신앙은 건강하고 힘이 있어서 세상을 이깁니다. 죄를 이기고 마귀를 이기고 자아를 이기게 합니다. 기도하고 있다면 그것은 그 성도가 깨어 있다는 증거입니다. 육이 깨어 잠들어 있지 않는 것이며, 혼이 깨어 정신을 차리는 것이며, 영이 깨어 심판의 날을 기억하고 주님의 재림을 기다리는 거룩한 신부로 준비되는 것입니다. 기도하는 성도는 깨어 분별하게 됩니다.

그렇습니다. 기도는 응답 이상의 가치가 있습니다. 하지만 구슬이 서 말이라도 꿰어야 보배이듯이 기도가 아무리 중요하고 귀하고 복된 것이라 할지라도 기도하지 않으면 기도의 비밀이 열리지 않고, 기도의 능력이 내 것이 되지 않을 것입니다. 기도의 응답을 믿을 뿐만 아니라 기도를 믿으십시오. 기도 자체의 비밀을 깨달아 기도를 믿고, 기도를 사랑하고, 기도를 즐기는 여러분이 되시기를 바랍니다. 기도를 기뻐하십시오.

이런데도 기도가 짐입니까? 기도는 일생일대의 축복입니다. 기도는 능력의 원천입니다. 이것이 기도의 놀라운 비밀입니다. 응답이 더디거나 응답이 없어도 계속 기도하시기 바랍니다. 기도의 가치를 알고 기쁨으로 기도하여 기도만은 결단코 포기하지 않으시기를 간절히 바랍니다.

04

기도하는 일이 최고의 일이다

사도행전 16:19–34

따져보면 모든 일에는 순서가 있습니다. 하다못해 밥을 먹을 때도 밥을 먹기 전에 야채부터 먹는 것이 좋다고 합니다. 똑같은 양의 식사를 하더라도 음식 먹는 순서를 잘 지키면 건강에 더 유익하다는 것입니다.

하나님께서 천지를 창조하실 때도 첫째 날부터 여섯째 날까지 순서가 있었습니다. 인간을 만들어놓고 빛이 있으라고 하신 것이 아니라 모든 것을 만드신 다음 여섯째 날 인간을 만드셨습니다. 사람도 남자부터 먼저 만드시고 그 후에 여자를 만드셨습니다. 이 세상을 통치하시는 하나님은 순서대로 세계 역사를 경영하고 계십니다. 창조의 역사와 타락한 인간을 구원하시는 주님의 구원 사역, 주님의 재림과 심판, 그리고 다시 새 하늘과 새 땅이 열리게 됩니다.

인생의 탁월한 업적을 남긴 사람들 역시 하나같이 일의 우선순위를 정해놓고 실행했던 사람들입니다. 다니엘이 정한 뜻은 스펙을 쌓고 출세하겠다는 것이 아닙니다. 하나님 앞에서 죄를 짓지 않고 거룩하게 살며 자신의 영혼을 더럽히지 않겠다는 것이었습니다. 그랬더니 하나님께서 다니엘을 장수하게 하시고, 사자굴에 던져졌을 때 사자들의 입을 막으시고, 4명의 왕을 모시게 하였습니다.

예수님도 기도하는 일을 최우선으로 하셨다면?

예수님이 가장 우선으로 여기셨던 일은 무엇이었을까요?

새벽 아직도 밝기 전에 예수께서 일어나 나가 한적한 곳으로 가사 거기서 기도하시더니 막 1:35

사실은 새벽에 일어나 기도한다는 것도 만만치 않은 일입니다. 그런데 주님은 그 전날 무척 분주하고 힘든 하루를 보내셨습니다. 전날은 안식일이었는데, 주님은 회당에서 가르치시고 회당에서 나와 시몬 베드로의 집으로 가서 베드로의 장모의 열병을 고쳐주셨습니다. 그리고 저물어 해질 때가 되어 예수님이 오셨다는 소식을 듣고 모여든 각색 병자를 고쳐주셨고, 귀신을 내쫓으셨습니다. 그러다보니 주님은 분명히 한밤중에, 적어도 자정이나 1-2시쯤 잠깐 눈을 붙이셨다가 새벽 미명에 다시 일어나 기도하신 것입니다.

예수님이 공생애 기간 동안 이토록 필사적으로 절대 놓치지 않았던 일, 중요하고도 급한 일이 바로 기도하시는 일이었습니다. 나중에 주님은 기적도 거의 행하지 않으셨습니다. 그렇다고 능력이 사라진 것은 아닙니다. 주님이 사역의 주안점을 능력 행함에 두지 않으신 것입니다. 주님이 마지막까지 버티고 붙잡으신 것은 하나님께 엎드려 기도하시는 일이었습니다. 주님은 제자들에게도 끊임없이 기도하라고 강조하셨습니다. 시험에 들지 않게 깨어 기도하라, 환란 날에 대비하여 기도하라고 계속 기도를 말씀하셨습니다. 직접 기도의 본이 되어주셨습니다. 우리 주님은 기도하는 일을 최우선으로 여기셨습니다.

주님이 하신 일 중에서 우리가 할 수 있는 가장 중요하고 귀한 일, 가장 우선으로 해야 할 일 역시 기도하는 일입니다. 금식기도란 밥을 먹는 것보다 기도가 더 중요하다는 것입니다. 철야기도는 잠자는 것을 줄이고 기도하겠다는 것입니다. 작정기도는 많은 일들이 있지만 일정 기간 동안 어떤 일도 하지 않고 기도하는 일에 전부를 걸겠다고 작정하는 것입니다. 기도를 얼마나 중요하게 여기면 밥 먹고 잠자는 일을 포기하면서까지 기도하겠습니까.

이렇게까지 기도하려는 사람들에게는 그렇게라도 해야만 하는 일들이 생긴 것입니다. 밥을 먹으면 육이 강해져서 헛생각이 들고 나태해지니까 밥을 끊고 죽기를 각오하고 기도하고, 낮에 기도할 시간이 충분하지 않고 형편이 안 되니까 밤에 잠을 줄여서라도 하나님 앞에 나가 결사적으로 기도하는 것입니다. 주님도 십자가에 달리시기 전날 겟세마네 동산에서 최후까지 기도하셨던 것처럼 말입니다. 주님은 그 기도를 드리고 나서 마지막까지 인류를 향한 구원 사역에 승리할 수 있었습니다.

그렇다면 주님이 능력이 없어서, 방법이 없어서, 힘이 없어서 그러셨을까요? 하늘이 무너지는 시련이 있다 할지라도 기도하는 사람은 승리할 수 있다는 것을 우리는 성경을 통해 잘 알고 있습니다. 기도하는 것은 무엇보다 중요할 뿐 아니라 효과와 능률 면에서도 으뜸입니다. 우리는 엄청나게 계산이 빠릅니다. 계산을 잘 해보고 기도하는 일보다 더 중요한 일이 있으면 그 일을 하면 됩니다. 기도해서 얻는 것보다 더 큰 것을 얻을 수 있다면 그 일을 하십시오. 저라도 그렇게 할 것이기 때문입니다. 기도하는 것보다 더 급하고, 더 가치 있고, 더 능률적이고, 더 효과적인 일이 있으면 그 일을 하면 됩니다. 그것은 죄가 아닙니다.

그러나 예수님은 잠을 줄여가며 새벽에 일어나 홀로 기도하셨고, 그것만큼은 빼앗기지 않으려고 하셨습니다.

골방에서 기도하는 한 사람의 능력

인도의 선교사 존 하이드(John Hyde, 1865-1912)는 무릎을 꿇고 36시간 동안 기도한 적도 여러 번이었다고 합니다. 그러나 인도에서 10여 년을 사역하는 동안 한 영혼도 얻지 못했습니다.

그러던 어느 날 하이드가 기도하기 시작했습니다. 그가 그전에는 기도하지 않았겠습니까? 그런데 그는 이제부터 기도만 하기 시작했습니다. 그때부터 하나님께서 사람을 보내주기 시작하셨습니다. 그의 선교는 간단했습니다. 그는 평생 인도의 오지 마을을 다니며 영혼 구원을 위해 힘썼습니다. 동네가 보이면 언덕에 올라 움막을 치고 거기서 몇 날 며칠을 기도만 했습니다. 주님께 오늘 1명을 보내달라고 기도하면 1명이 장막으로 찾아옵니다. 그러면 그를 위해서 기도하고 복음을 전하면 그 사람이 예수를 믿었습니다. 오늘은 2명을 보내달라고 기도하면 2명이 찾아옵니다. 그러니 기도보다 능력 있는 것이 없지요. 이 기도의 능력을 깨닫고 나니 기도를 안 할 수가 없게 된 것입니다.

미국의 전도자 무디(D. L. Moody, 1837-1899)가 영국에 건너가 집회를 했습니다. 무디의 명성은 이미 영국에서도 자자해서 사람들은 집회에서 놀라운 일들이 일어날 것을 기대했습니다. 무디의 집회를 기대한 두 자매가 있었는데, 그중 한 자매는 장애가 있어서 침상에 누워 있기 때문에 건강한 언니가 집회에 참석했는데, 그 날 무디 선생의 말씀은 소문만큼 파워가 없고, 사람들이 많이 모였지만 냉랭하여 성령의 역사도 일어나지 않았습니다.

실망하고 돌아간 언니가 집에 누워 있던 자매에게 이 소식을 전하자 그 자매는 "내일은 다를 거야"라는 의미심장한 말을 했습니다. 그때부터 침상에 누운 자매가 곡기를 끊고 금식에 들어갔습니다. 그 자매는 무디와 아무 상관이 없고 심지어 현장에 참석하지도 못하는데, 하나님을 믿고 믿음으로 선포하며 기도하기 시작했습니다. 드디어 다음날 훨씬 더 많은 사람이 모였고 그날 성령의 불이 임하여 많은 회중이 변화되는 역사가 일어났다고 합니다.

집회는 사람이 하는 것이 아니라 하나님이 불을 주셔야 가능합니다. 저도 이 강단에 불이 붙기 원하고, 우리 청년들에게 불이 임하기 원하고, 이 땅의 십대 젊은이들에게 불이 붙기를 원하는데 이것이 억지로 됩니까? 그것은 하나님만이 하실 수 있는 일입니다. 그 하나님을 움직이는 유일한 열쇠는 그분께 구하는 것입니다. 내가 할 수 없는 일을 만났을 때 그 일을 해결할 수 있는 분이 유일하게 한 분 있다면 그분에게 말하는 수밖에 달리 무슨 수가 있겠습니까? 다른 방법이 없습니다. 수천수만 명이 필요가 없습니다. 골방에서 기도하는 한 사람의 능력이 수만 명이 이루는 일보다 더 강력한 효과가 있습니다. 이것이 바로 기도의 능력입니다.

기도하는 사람이 세상을 움직인다

모세는 홀로 시내산에서 40일을 지내며 하나님과 독대했습니다. 그러니까 40일을 광야에 백성들을 방치하는 위험을 감수하고 시내산에 올라간 것입니다. 이스라엘 백성들의 입장에서 보면 40일 동안 리더가 없어져버린 상황입니다. 그러자 그들은 아론에게 그들을 인도할 신을 만들라고 하면서 자신들을 애굽에서 인도해낸 모세는 어떻게 되었는지 모르겠다고 하고 금송아지를 만들게 된 것입니다.

물론 이스라엘 백성들이 우상 숭배한 것은 백번 잘못했지만, 인간적으로는 이해가 안 되는 것도 아닙니다. 어디로 가야 할지 무엇을 해야 할지 우왕좌왕하는데 하나님의 음성은 없습니다. 사방에서 적들이 몰려올 경우 끝장이 나고 맙니다. 얼마나 두렵고 무서웠을까요? 그러니 모세가 여자와 아이들까지 포함하면 줄잡아도 2-3백만 명이나 되는 백성들을 광야에 버려둔 채 산에 올라 하나님을 만나는 일이 그만한 가치가 있고 중요한 일이었을까 하는 것입니다.

이 독대의 효과는 얼마였을까요? 모세는 그로부터 40년간 광야에서 이스라엘 백성들을 이끌었습니다. 그런데 모세가 시내산에서 하나님을 독대하는 시간이 없었다면 이스라엘 백성들은 광야에서 다 죽었습니다. 이해되십니까? 모세가 하나님을 만났기 때문에, 즉 모세가 하나님께 기도했기 때문에 이스라엘의 운명의 성쇠를 결정지은 것입니다. 기도하는 사람이 세상을 움직입니다. 기도하는 사람이 가정을 살립니다. 부모가 자녀를 위해 밤새 기도하는 것은 절대 헛된 일이 아닙니다. 거꾸로 한번 생각해보면, 모세가 기도하지 않았으면 이스라엘이 망했고, 한국 교회에 새벽기도, 철야기도가 없었으면 지금 우리가 어디에 있을지 모릅니다. 기도원에서 기도하고, 산에서 기도하는 기도의 용사들이 없었다면 지금 어떻게 됐을지 모릅니다.

우리 교회 역시 개척부터 기도를 강조하고, 성전에서 엎드려 기도하고, 때마다 시마다 중보기도 했기 때문에 지금까지 있는 것입니다. 아니면 원수 마귀가 얼마나 넘어뜨리려고 하고, 얼마나 많은 성도들의 영혼을 늑탈하려고 했겠습니까. 2007년에 최초로 발의된 포괄적 차별금지법을 아직까지 막아내고 버티고 있는 것이 우연이겠습니까? 1953년 휴전이 되고 지금까지 70년이 넘도록 이 나라에 전쟁이 없는 것은 이 나라 이 민족을 지켜주시고, 안보가 유지되고, 북한의 지하교회를 지켜주시고, 남북이 통일되게 해달라는 기도를 줄기차게 해왔기 때문입니다. 아니면 우리가 무슨 수로 버티고 지켜낼 수 있었겠습니까. 기도하니까 막아지고, 기도하니까 살아나고, 기도하니까 지켜지고, 기도하니까 되는 것입니다. 절대 우연이 아닙니다.

기도부터 할 때 일어나는 기적

바울 일행이 억울한 누명을 쓰고 빌립보 감옥에 갇혔습니다. 상식적으로 이들이 감옥에 갇혀서 할 수 있는 일이 뭐가 있을까요? 누구나 처음부터 찬송하고 기도했겠습니까? 그렇지 않습니다. 바울이니까 그렇게 한 것입니다. 그들이 잘못해서 감옥에 갇혔으면 방법이 없지만, 바울 일행은 억울함을 하소연하며 스스로 자기들을 구명해볼 명분이 충분했습니다. 또한 바울에게는 비장의 카드까지 있었습니다. 그가 로마의 시민권자라는 것입니다.

> 바울이 이르되 로마 사람인 우리를 죄도 정하지 아니하고 공중 앞에서 때리고 옥에 가두었다가 이제는 가만히 내보내고자 하느냐 아니라 그들이 친히 와서 우리를 데리고 나가야 하리라 한대 행 16:37

바울은 로마 사람인 우리를 죄도 정확히 묻지 않고, 재판도 하지 않고, 함부로 옷을 찢고, 매를 때리고, 차꼬를 채워 감옥에 가두더니, 관리들이 다음날 조용히 그들을 내보내려고 하자 그때 자신이 로마 시민권자라는 것을 밝혔습니다. 그러자 로마 시민권자라는 말에 관리들이 벌벌 떨게 된 것입니다.

그러면 바울이 옥에 갇힐 당시에는 마음이 급한 나머지 이 카드를 써먹을 생각을 하지 못했을까요? 천만에, 저는 그렇게 생각하지 않습니다. 바울은 매를 맞고 차꼬를 차고 깊은 감옥에 갇혀 있는데도, 자신이 로마 시민권자라는 카드를 의도적으로 사용하지 않았습니다. 낙심하지 않고 절망하지 않고 인간적인 방법을 동원하지 않았습니다. 왜냐하면 하나님을 신뢰했기 때문입니다. 대신 그는 한밤중에 다른 죄수들도 들을 수 있을 만큼 부르짖어 기도하고 찬송했습니다. 그러자 바울의 진실한 믿음의 기도에 옥터가 흔들릴 만큼 큰 지진이 나서 감옥 문이 열리게 된 것입니다. 기도에는 바로 이런 능력이 있습니다. 결국 무엇이든지 급하게 할 수 있는 일들이 많았지만, 바울과 실라가 맨 처음 꺼낸 카드가 기도였다는 것입니다.

세상의 일이 그리 간단하지 않습니다. 우리의 가정살이도 간단하지 않습니다. 멀쩡한 대학을 나와도 일자리가 없는 것을 어떡합니까? 저도 몰라서 하는 소리가 아닙니다. 무엇부터 해야 하고, 어디로 가야 하고, 누구를 만나야 할지 사방이 막혀서 막막합니까? 그럴 때 기도해야 합니다. 기도하기 시작하면 신기한 일이 벌어집니다. 바울과 실라가 감옥에서 한 기도와 찬송은 그대로 기적이 되었습니다. 옥터가 흔들리면서 감옥 문이 모두 열리고 죄수들을 묶고 있던 사슬이 모두 풀릴 것을 누가 상상이나 했겠습니까?

제가 학창시절에 들은 간증이 있는데, 어떤 분이 억울한 일로 일주일 동안 감옥에 있으면서 매일 기도만 했습니다. 다른 사람이 다 그가 목사라는 것을 알았습니다. 사람들은 목사가 무슨 못된 짓을 해서 어떤 일에 얽혀 감옥에 들어왔는지 수군거렸습니다. 그런데 어느 날 그가 "하나님이 내일 나를 꺼내주신다고 그러셨다"라고 말했습니다. 목사님이 응답을 받은 것입니다. 그렇지만 사람들은 다들 웃으며 "목사님, 하늘이 두 쪽이 나도 안 돼요. 목사님이 몰라서 하는 소리인데, 내일은 토요일이라서 대통령도 못 꺼내줘요. 금요일로 행정 업무가 끝나기 때문에 나가게 된다면 월요일에 나가게 되는 거예요"라고 했습니다. 그러면 그 목사님이 토요일에 나왔을까요? 못 나왔을까요? 나왔습니다. 그래서 같이 있던 사람들의 입이 쩍 벌어졌습니다. 도저히 있을 수 없는 일이 일어난 것입니다. 그러나 하나님이 하시면 됩니다.

우리도 너무 막막해서 아무 일도 손에 안 잡힐 때가 있습니다. 그때는 기도부터 하십시오. 기도부터 하면 가닥이 잡히기 시작합니다. 기도부터 하면 뭔가 떠오르기 시작합니다. 기도부터 하면 길이 보이기 시작합니다. 기도부터 하면 사람이 나타나기 시작합니다. 기도는 만 가지 일도 할 수 있습니다. 모든 것에 적용할 수 있는 것이 기도입니다. 우리에게 있는 사람, 돈, 재능이 대단해도 한계가 있습니다. 많은 방법으로 주님의 일을 행할 때, 전도할 때, 세상의 악과 싸울 때 분명히 효과가 있습니다. 그러나 모든 수단보다 먼저 기도해야 합니다. 기도보다 뛰어난 것은 없기 때문입니다.

우리가 기도 대신 다른 것을 선택하는 이유

그런데 현실은 우리가 기도하기를 선택하는 대신 하나님의 뜻이나 계획을 묻지 않고 먼저 인간적인 행동부터 하도록 유혹합니다. 그 이유가 무엇일까요?

1. 기도할 때는 아무것도 하지 않는 것이라는 미혹

첫째, 우리는 기도할 때 우리가 아무것도 하지 않는다는 유혹을 받고 있습니다. 기도만 해서는 안 될 것 같습니다. 이런 생각 때문에 사람들은 일을 지나치게 중요하게 생각하여, 때로는 기도를 서둘러 해치워버리거나 심지어 무시해버리기까지 한다는 것입니다. '기도만 해서 되겠느냐?' 하는 마귀의 속삭임이 들려오면 우리는 기도하다가도 일어나버립니다.

기도하러 금요일에 교회에 왔지만 기도하기 시작하면 마귀의 첫마디가 '차 끊어진다', '차 딱지 끊는다', '옆사람 나간다, 비켜줘라' 우리는 이런 소리가 들리는 것 같고 이런 소리를 들으려고 합니다. '내일도 일이 많은데, 너 이러다가 큰일난다.' 저도 듣는 소리입니다. 그러나 우리가 이 소리에 미혹되면 안 됩니다. 그러면 우리의 기도가 깊어지지 않고 응답받지 못하며 더 깊은 곳으로 나아가지 못합니다. 우리가 기도하면 큰일이 나기는 합니다. 바로 마귀가 벌벌 떨 일이 생기는 것입니다. 하나님만이 하실 수 있는 일이 일어납니다.

우리가 기도하면 주님이 일하십니다. 우리가 자녀를 키우는 것보다 하나님이 키워주시는 것이 낫습니다. 그러려면 주님이 우리 자녀를 키워주시도록 기도함으로 맡겨야 합니다. 우리가 사업을 하는 것보다 주님이 해주시는 것이 낫습니다. 우리가 나라를 지키는 것보다 주님이 지켜주시는 것이 낫다는 뜻입니다. 전도도 내 힘으로 하려고 하기보다 주님이 하시도록 해야 합니다. 제 경우에는 목회도, 설교도 제가 하는 것이 아니라 주님이 하시도록 기도해야 합니다. 기도하면 시간이 모자랄 것 같지만 기도하면 시간이 남습니다. 주님이 해주시니까 복잡한 것이 정리되고 해결되지 못할 것이 해결

됩니다.

기도만 해서 될까 싶을 때 일단 기도만 하고 있으면, 우리 주님이 힘도 주시고 사람도 주시고 지혜도 주시고 환경도 열어주십니다. 모든 것의 시작은 '기도부터'라는 것을 기억하시기 바랍니다.

2. 기도를 믿지 않기 때문이다

둘째, 기도가 우선순위에서 밀리는 이유는 기도를 믿지 않기 때문입니다. 우리가 병원에 가는 것은 병원에 가면 병을 고칠 수 있다는 믿음이 있기 때문입니다. 우리는 믿어야 행동합니다. 그러면 우리가 기도를 왜 하지 않나요? 기도는 안 하고 사람에게 가서 손을 벌리는 이유가 무엇입니까? 기도를 믿어야 기도가 되는데, 기도를 믿지 않으니까 기도하지 않는 것입니다. 그러나 기도를 믿는 것이 진짜 신앙입니다.

교회에 와서 엎드려 기도하는 사람은 할 일이 없어서 그냥 나와 앉아 있는 것이 아닙니다. 갈 데가 없어서 온 것이 아닙니다. 사람한테 지금 내가 기도하고 있다고 보이기 위해서 온 것도 아닙니다. 그 사람도 처음에 생각했을 것입니다. 교회로 갈지 차를 몰고 자유로를 갈지, 교회로 가서 기도할지 친구에게 전화를 걸어 수다를 떨지, 하나님을 만나 기도할지 사람을 만나 하소연을 할지 그러다가 기도하기로 선택한 것입니다. 왜냐하면 이것이 빠르고 후유증이 없으면서 강력하고, 기도를 믿으니까 기도하게 되는 것입니다.

엘리야는 하늘에서 불이 내릴 것을 믿었기 때문에 제단을 수축하고, 도랑을 파고, 물을 부어놓고 불을 구하는 기도를 했습니다. 기도를 믿었기 때문입니다. 한나는 형편없었던 엘리 제사장의 축복 기도를 믿어버렸습니다. 그러니까 하나님께서 엘리의 기도에 능력이 있어서 응답하신 것이 아니라 기도를 받는 사람의 믿음, 기도를 믿은 한나의 믿음에 응답하신 것입니다.

엘리가 그에게 이르되 네가 언제까지 취하여 있겠느냐 포도주를 끊으라 하니 한나가 대답하여 이르되 내 주여 그렇지 아니하니이다 나는 마음이 슬픈 여자라 포도주나 독주를 마신 것이 아니요 여호와 앞에 내 심정을 통한 것뿐이오니 당신의 여종을 악한 여자로 여기지 마옵소서
삼상 1:14-16

엘리 제사장의 패악한 것, 어두운 것, 아둔한 것은 우리가 다 아는 것입니다. 한나가 기도하는지 술을 먹었는지도 모르는데 그런 사람에게 기도를 받고 싶겠습니까? 그러나 한나는 그렇지 않았습니다. 오해한 것을 미안해하던 엘리가 한나에게 기도할 때 겸손히 무릎을 꿇었고, 그 기도를 믿었습니다.

엘리가 대답하여 이르되 평안히 가라 이스라엘의 하나님이 네가 기도하여 구한 것을 허락하시기를 원하노라 하니 이르되 당신의 여종이 당신

께 은혜 입기를 원하나이다 하고 가서 먹고 얼굴에 다시는 근심 빛이 없더라 삼상 1:17–18

한나가 돌아가 "먹고 얼굴에 다시는 근심 빛이 없더라"라고 한 이 믿음이 보통 믿음이 아닙니다. 그 날은 당장 믿고 갔을지 몰라도 그다음 날 자고 일어나면 또다시 걱정이 밀려오는 것이 인간입니다. 그런데 한나는 '다시는' 근심하지 않았습니다. 하나님이 주실 것을 믿었기 때문입니다. 정말 엄청난 믿음 아닙니까?

심지어 하나님을 대적했던 애굽의 바로도 하나님이 모세의 기도를 들으시는 것을 믿었습니다. 기도를 믿는 믿음이야말로 하나님을 믿는 믿음이라고 믿습니다. 기도를 믿어야 기도합니다.

3. 기도하는 것이 어렵다고 생각한다

셋째, 기도하는 것이 일하는 것보다 힘들다고 느끼기 때문에 기도가 우선순위가 되지 못합니다. 참 희한합니다. 뙤약볕에 나가 일하는 것이 힘듭니까? 시원한 교회에 나와 앉아 몸을 좌우로 흔들며 기도하는 것이 힘듭니까? 체육대회, 야유회에 간다고 할 때보다 기도회에 더 적게 모이는 이유가 뭘까요? 찰스 스펄전도 "하루 종일 성경을 읽고 묵상할 수 있다. 그러나 밤을 지새우며 기도하는 것은 얼마나 힘든 일인가?"라고 했습니다. 그것은 우리가 육을 가지고 있기 때문입니다. 그러나 어려울수록 가치가 큽니다. 우리에게 기도하는 일이 어렵게 느껴진다면 그만큼 가치가 있는 것입니다. 우리가 영적인 보화를 발견하기 원한다면 그만큼 기도의 씨름을 해야 합니다.

기도에 전력하기 위한 대가 지불

따라서 우리가 실천할 것은 첫째, 세월을 아끼는 것입니다. 돈만 아껴야 하는 것이 아닙니다. 돈만 바닥을 보이는 것이 아닙니다. 우리 인생의 시간도 바닥을 보일 때가 있습니다. 똑같은 하루 24시간을 가지고 우리는 하나님께 기도하는 일에 잘 써야 합니다.

둘째, 기도의 방해 요소를 제거해야 합니다. 세상에 허비하는 것들, 사람 만나는 것도 절제하여 사람에게 말하기보다 하나님께 더 많이 말해야 합니다. 하나님께 말하는 것이 백만 배 더 가치가 있습니다. 사람에게 말하면 비난이 되지만 하나님께 말하면 믿음이 됩니다. 응답이 됩니다. 하나님께는 못할 말이 없습니다. 그래서 더 기도에 힘써야 합니다.

마지막으로, 기도의 강력한 동기를 얻어야 합니다. 그러기 위해서는 말씀을 읽어야 합니다.

> 그러므로 믿음은 들음에서 나며 들음은 그리스도의 말씀으로 말미암았느니라 롬 10:17

말씀을 듣고 '그렇구나. 내가 기도해야겠구나' 결단하고 기도하면 승리입니다. 말씀을 듣고 깨달아 말씀을 통해 에너지를 받고, 성령이 말씀을 통해 내 영혼을 때리면 '그렇구나. 다시 힘을 얻어 기도해야겠구나' 이 한 말씀만 건져도 됩니다. '사람에게 말하기보다 하나님께 말해야겠구나', '사람에게는 못할 말이 있어도 하나님께는 못 할 말이 없구나', '자식을 내가 키우려고 하지 말고 하나님께 맡겨야겠구나', '따져보니 기도하는 일이 뭐가 힘든가? 기도하면 되지 기도를 믿자', '기도하는 것보다 더 효과적인 일이 없으니 내가 기도해야겠구나' 이 강력한 기도의 동기를 성경과 책과 믿음의 간증과 설교를 통해 얻고 계속 자극을 받아 기도의 자리에 나오시기를 간절히 바랍니다. 기도하는 그 시간, 그때가 가장 귀합니다.

2
PART

기도
행동

너는 부르짖으라

05

기도로 행동하라

마태복음 7:7-12

이 세상에는 두 종류의 사람이 있습니다. 천국에 갈 사람과 지옥에 갈 사람, 하늘의 사람과 이 땅의 사람, 그리고 더 나눠보자면 기도하는 사람과 기도하지 않는 사람이 있습니다. 기도는 단순히 하나님께 말해서 응답을 받는다는 기도 응답 이상의 가치가 있습니다. 기도하는 것 자체가 위대한 신앙인이자 깨어 있는 교회이며, 주님이 기뻐하시는 종의 모습입니다. 평생 어떤 문제를 놓고 기도했지만 응답이 되지 않았습니까? 그러나 응답이 없어도 평생 기도했다면 그 사람은 천국에 갑니다. 천국이라는 가장 큰 응답을 받은 것입니다.

물론 기도는 응답이 전부는 아닙니다. 기도는 그 자체가 능력이고 가치가 있습니다. 하지만 그래도 기도의 전제는 응답입니다. 본문을 보면 기도에 세 종류가 있다는 것을 알 수 있습니다. 다시 말해 기도에는 말로 하는 기도, 발로 하는 기도, 손으로 하는 기도가 있습니다.

> 구하라 그리하면 너희에게 주실 것이요 찾으라 그리하면 찾아낼 것이요 문을 두드리라 그리하면 너희에게 열릴 것이니 구하는 이마다 받을 것이요 찾는 이는 찾아낼 것이요 두드리는 이에게는 열릴 것이니라
> 마 7:7-8

"구하라… 주실 것이요", 우리가 무엇으로 구합니까? 입으로 말로 구합니다. "찾으라… 찾아낼 것이요", 무엇으로 찾아다니나요? 발로 찾아다닙니다. "문을 두드리라… 열릴 것이니", 문을 두드리려면 손을 써야 합니다. 우리는 말로 구하는 것이 가장 보편적인 기도라고 생각하고 있습니다. 그런데 말씀에 따르면 구하는 기도 뿐만 아니라 찾고 두드리는 것도 기도라고 생각해야 합니다. 우리가 기도의 범위, 기도의 정의를 확장시키면 기도의 열매 또한 풍성해질 것입니다.

구하는 기도

예수님께서 "구하라, 찾으라, 두드리라"라고 하실 때의 전제 조건은 우리의 믿음입니다. 예수님께서 우리에게 어느 정도로 의심하지 말라고 하셨느냐 하면 기도하고 구하는 것은 이미 받은 줄로 믿으

라고 말씀하셨습니다. 병 낫기를 기도했으면 병이 나은 자처럼 행동하고, 문제를 놓고 기도했으면 그 문제가 사라진 자처럼 근심하지 말고 믿으라는 것입니다.

바로 한나가 그렇게 했습니다. 한나가 자식이 없어서 하나님 앞에 오래 기도했을 때 엘리 제사장이 한나가 간구한 대로 하나님께서 이루어주실 것을 축복해주었습니다. 그러자 한나는 그 길로 돌아가 음식을 먹었고 얼굴에 다시는 근심의 빛이 없었습니다. 이것은 놀라운 이야기입니다. 한나는 더 이상 자식이 없어 속이 쓰리고 근심하고 불평하고 낙심하지 않았고, 그때부터 얼굴이 펴졌습니다. 주변 사람들이 무슨 좋은 일이 있느냐고 물어봤을지도 모릅니다. 있지요. 하나님께서 아들을 주신다고 믿은 것입니다. 이것이 믿음의 기도를 한 다음 우리의 자세가 되어야 합니다. 그러나 이런 사람이 얼마나 될까요? 천에 하나 만에 하나 우리 중에 몇이나 있을지 쉽지 않습니다. 이런 믿음의 기도는 어느 정도의 위력을 발휘할까요?

> 내가 진실로 너희에게 이르노니 누구든지 이 산더러 들리어 바다에 던져지라 하며 그 말하는 것이 이루어질 줄 믿고 마음에 의심하지 아니하면 그대로 되리라 그러므로 내가 너희에게 말하노니 무엇이든지 기도하고 구하는 것은 받은 줄로 믿으라 그리하면 너희에게 그대로 되리라
>
> 막 11:23-24

우리는 자꾸 한계를 긋습니다. 감기를 위해 기도하면 열이 금세 내릴 것 같지만 내 속에 있는 암 덩어리는 없어질 것 같지 않습니다. 솔직히 그런 마음이 있습니다. 그러나 우리는 그 한계를 뛰어넘어야 합니다. 쉽지 않다는 것을 잘 압니다. 예수님은 그런 우리를 더 잘 아십니다. 그런데도 예수님이 왜 이런 말씀을 하셨을까요? 우리 주님은 말이 안 되는 소리는 하신 적이 없습니다. 한 관리의 딸이 죽었는데 죽은 것이 아니라 잔다 하시고, 또 우리 친구 나사로가 잠들었으니 깨우러 가야겠다고도 하십니다. 사람들이 다 비웃었습니다. 그러나 예수님은 그들의 죽음을 단지 위로하려고 하거나, 혹은 희망사항을 말씀하신 것이 아닙니다. 주님은 소녀의 손을 잡아 일으키셨고, 죽은 지 나흘이나 되어 시체 썩는 냄새가 나는 나사로에게 무덤에서 나오라고 부르셨습니다. 그 주님이 우리에게 이 산더러 들리어 바다에 던져지라 하여도 된다고 말씀하십니다.

기도에는 한계가 없습니다. 산을 바다에 던진다는 것이 말이 됩니까? 여리고 성이 무너진다는 것이 말이 되나요? 홍해가 갈라지고 광야에서 40년 동안 먹고산다는 것이 말이 됩니까? 인간의 계산으로는 말이 안 됩니다. 그러나 하나님이 함께하시면 광야에 길이 나고 사막에 강이 흐르는 새 일이 일어납니다. 지금도 마찬가지입니다. 우리가 예수님이 말씀하신 그대로 믿고 기도하면, 마음으로 진실하게 믿으면, 그 기도가 믿음의 기도라면 산도 바다에 던져지는 것입니다.

응답받은 사람들의 특징 1 믿음

하나님께 기도해서 응답받은 사람들에게는 공통된 전제 조건이자 두 가지 특징이 있었습니다. 그것은 바로 믿음과 순종입니다. 가나 혼인 잔치의 예를 들어보겠습니다. 혼인 잔치에 포도주가 떨어졌다는 것은 큰 망신입니다. 요즘 같으면 돈 주고 사오기라도 하지만, 그 당시에는 금세 술을 담글 수도 없고 당장 어찌해볼 수 없기 때문에 잔치도 망치고 오랫동안 가십거리가 됩니다. 아마 혼인 잔칫집이 마리아의 친척이었던 것 같습니다. 마리아가 그것을 알고 예수님께 저들에게 포도주가 없다고 하자 예수님은 "여자여 나와 무슨 상관이 있나이까 내 때가 아직 이르지 아니하였나이다"(요 2:4)라고 합니다. 예수님이 이 정도로 냉정하게 말해도 마리아는 물러서지도 않고 따지지도 않습니다. 그러나 돌아서서 믿음의 행위를 합니다. 마리아는 하인들에게 말합니다.

> 그의 어머니가 하인들에게 이르되 너희에게 무슨 말씀을 하시든지 그대로 하라 하니라 요 2:5

마리아는 예수님만이 이 문제를 해결하실 수 있다는 것을 잘 압니다. "너희에게 무슨 말씀을 하시든지 그대로 하라." 그러니까 예수님에게는 분명히 해결책이 있다는 것입니다. 마리아가 어떻게 이런 믿음을 갖게 되었습니까? 마리아는 예수님의 출생의 비밀을 정확히 알고 있는 유일한 존재입니다. 하늘이 두 쪽 나도 예수 그리스도를 하나님의 아들로 인정할 수 있는 사람이 마리아입니다. 자신이 남자를 알지 못하는 상태에서 성령으로 잉태되어 예수님을 출생했다는 것을 마리아 자신만은 분명히 알기 때문입니다. 마리아는 예수님의 육신의 어머니이자 그 말씀에 순종하는 충직한 제자였다고 볼 수 있습니다. 그렇기 때문에 하인들에게도 담대히 말할 수 있었을 것입니다.

"무슨 말씀을 하시든지 그대로 하라"는 것은 분명히 그들의 이성과 생각으로는 감당할 수 없는 말씀을 하실 것이라는 뜻입니다. 합리적인 말을 할 것 같으면 애초에 그런 말을 할 필요가 없습니다. 믿음은 도전입니다. 1 더하기 1이 2면 기도할 필요가 없습니다. 내가 할 수 있는 일을 하려면 뭐하러 기도합니까? 내가 할 수 있는 일이면 나 혼자 하면 되지 누구에게 부탁할 필요가 없습니다. 기도는 불가능에 도전하는 것입니다. 내가 할 수 없는 일을 할 수 있는 것이 기도입니다. 내가 하지 못하니까 기도하는 것은 절대로 잘못되거나 비겁한 일이 아닙니다.

그런데 역시 주님께서 얼토당토않은 말씀을 하셨습니다. 돌항아리 여섯에 물을 가득 채우라고 말씀하신 것입니다. 똑똑한 여러분 같으면 항아리에 물을 붓겠습니까? 죽은 나사로의 무덤 앞에서 무덤을 막아놓은 돌을 옮겨놓으라고 할 때 돌을 옮기겠습니까? 깊은 데로 가서 그물을 내리라고 하면 그렇게 하겠습니까? 사실 이것은 다 말도 안 되는 명령입니다. 그물은 깊은 데서 던지는 것이 아닙니다. 그러면 그물추가 가라앉기 전에 고기가 다 도망가버립니다. 그래서 투망질은 물이 얕은 데서 하고, 물이 깊은 데서는 낚시로 고기를 잡는 것이 맞습니다. 그것이 상식이고 본능이며 경험이고 이치입니다. 그런데 목수이신 예수님이 어부인 시몬에게 깊은 데로 가서 그물을 내리라고 말씀하신 것입니다. 이런 말이 안 되는 상황에서 필요한 것이 바로 믿음입니다. 말씀에 의지하여 그물을 내리는 순종입니다. 그럴 때 그물이 찢어질 만큼 고기를 많이 잡았습니다.

응답받은 사람들의 특징 2 순종

하인들은 "무슨 말씀을 하시든지 그대로 하라"는 마리아의 당부대로 예수님의 말씀에 순종하여 항아리에 물을 가득 채웠습니다. 그러자 예수님은 그것을 떠서 연회장에게 갖다주라고 하십니다. 응답에는 반드시 순종이 뒤따라야 합니다. 종은 순종할 수밖에 없습니다. 종이기 때문입니다. 종은 항아리에 물을 가득 채울 때 물이 포도주가 되었는지, 떠서 갖다줄 때 포도주가 되었는지 알지 못했습니다. 하지만 분명한 것은 이 하인들은 절대적으로 그대로 순종했다는 것입니다. 주님의 말씀에 대한 순종은 기적과 열매를 가져옵니다. 길이 없고 방법이 없고 종이라서 순종할 수 있었습니다. 그래서 때로는 종이 축복이요, 없는 것, 낮은 것, 빈손이 축복일 때가 많습니다. 우리 하나님은 반드시 대역전의 드라마를 쓰실 수 있는 분입니다.

순종은 기도에 필수적인 요소입니다. 이 순종에는 두 종류가 있습니다. 첫째, 자발적 순종입니다. 아브라함이 본토 친척 아버지 집을 떠난 것은 길이 없어서, 누구에게 쫓겨서가 아닙니다. 하나님이 말씀하시니까 그냥 짐을 싸서 떠났습니다. 이것은 놀라운 믿음입니다. 이렇듯 75세의 아브라함이 갈대아 우르 땅을 떠난다는 것은 엄청난 모험입니다. 이삭 역시 흉년에 애굽으로 내려가지 말고 하나님이 지시하시는 땅에 거주하였을 때 그 땅에서 농사하여 백 배의 수확을 얻었습니다. 천하에 기근이 들었는데 1년 만에 백 배의 수확을 거둔다는 것은 제아무리 비가 오고 땅이 좋아도 불가능한 일입니다. 이것은 하나님께 드린 자발적 순종의 축복이자 능력입니다. 제자들이 "나를 따르라"는 예수님의 말씀에 순종하여 그물을 버리고, 고기를 버리고, 배를 버리고, 아버지를 버리고, 자신의 전부를 버리고 주님을 따라갔습니다. 하나님께서 노아에게 방주를 지으라고 하셨지만, 노아에게는 방주를 지을 만한 이유가 없었습니다. 하나님께서 억지로 방주를 짓게 하신 것도 아닙니다. 노아는 자발적으로 순종하여 방주를 짓기 시작했습니다.

둘째, 불가항력적 순종입니다. 구레네 시몬이 억지로 진 십자가도 축복이 되었습니다. 하나님께서 그것까지 기억하셔서 그 후대가 복을 받았습니다. 베드로는 밤새 고기를 잡지 못했습니다. 그러니까 "깊은 데로 가서 그물을 내려 고기를 잡으라"는 예수님의 말씀이 들려온 것입니다. 우리도 실패했기 때문에 교회에 와서 하나님 앞에 엎드려 기도할 수밖에 없는 것이 복이요 은혜입니다. 나아만 장군은 나병 환자였기 때문에 요단강에 일곱 번 몸을 씻으라는 엘리사의 말에 억지로 순종했습니다. 그런데도 어린아이의 살같이 회복되어 깨끗해졌습니다. 우리가 하나님 앞에 구하여 응답을 받으려면 반드시 믿음이 있어야 하고, 반드시 순종해야 합니다. 구하십시오. 주실 것입니다. 믿음으로 구하십시오. 다른 사람이 구하니까, 사람에게 보이려고 구하지 말고 진심으로 구하시기 바랍니다.

더 좋은 것을 주시는 하나님

우리가 구할 때 주시는 하나님은 우리의 육신의 부모보다 더 큰 사랑으로 우리에게 응답해주십니다. 누가 자식의 청을 거절하겠습니까? 하물며 하늘의 아버지는 오죽하겠습니까? 사랑의 능력이 육신의 부모보다 못하겠습니까? 하나님께서 우리가 구하는 것보다 더 좋은 것을 주신다는 것을 믿으시기 바랍니다.

> 너희 중에 누가 아들이 떡을 달라 하는데 돌을 주며 생선을 달라 하는데 뱀을 줄 사람이 있겠느냐 너희가 악한 자라도 좋은 것으로 자식에게 줄 줄 알거든 하물며 하늘에 계신 너희 아버지께서 구하는 자에게 좋은

것으로 주시지 않겠느냐 마 7:9–11

자식이 없는 아브라함은 자신의 상속자로 엘리에셀을 생각했지만 하나님은 그가 생각하는 것보다 더 좋은 것을 예비하시는 하나님이십니다.

아브람이 또 이르되 주께서 내게 씨를 주지 아니하셨으니 내 집에서 길린 자가 내 상속자가 될 것이니이다 여호와의 말씀이 그에게 임하여 이르시되 그 사람이 네 상속자가 아니라 네 몸에서 날 자가 네 상속자가 되리라 하시고 창 15:3–4

그런데 예수님은 느닷없이 본문 12절의 말씀을 하십니다. 더욱이 그 말씀은 '그러므로'라고 시작되고 있습니다. 그렇다면 그것은 앞 절의 말씀과 연결된다는 것입니다.

…하물며 하늘에 계신 너희 아버지께서 구하는 자에게 좋은 것으로 주시지 않겠느냐 그러므로 무엇이든지 남에게 대접을 받고자 하는 대로 너희도 남을 대접하라 이것이 율법이요 선지자니라 마 7:11–12

각각의 구절은 다 금같이 귀한 말씀인데 말씀을 서로 연결시켜보려고 하니까 무슨 말씀인지 알기 어려웠습니다. 12절은 마치 사랑을 실천하라는 말씀처럼 보이기도 했습니다. 그런데 이것이 "구하라, 찾으라, 문을 두드리라"라는 '기도'에 대한 말씀이라는 것에 착안할 경우, 대접을 받고 싶으면 대접을 하라는 이 황금률은 하나님께 무엇을 받고 싶으면 내가 받고 싶은 대로 하나님께 드려보라는 의미로 해석이 되었습니다. 우리가 응답을 받고 싶고 문제를 해결받고 싶어서 하나님께 매달리는데, 응답을 받고 싶으면 하나님께서 응답하실 만한 근거를 드리라는 원리를 말하는 것입니다.

찾는 기도

우리는 기도를 구하는 것만 생각합니다. "찾으라 그리하면 찾아낼 것이요"(마 7:7). 우리가 구하지 않으면 주실 수 없듯이 우리가 찾지 않으면 찾아낼 수 없습니다. 또한 이 말은 구했으면 찾을 것이 있다는 의미이기도 합니다. 우리가 직장을 구했으면 직장을 찾아야 합니다. 직장을 구했으면 가만히 있지 말고 이력서를 내라는 말입니다. 병의 치유를 위해 기도했는데 차도가 없으면 병원을 찾아야 합니다. 그럴 때 좋은 병원을 만나게 되는 것도 응답입니다. 가족의 구원을 위해 기도했는데 아무 일이 없으면 교회에 가자고 졸라야 합니다. 이것이 '찾는 기도'입니다.

찾는 것도 기도입니다. 구하는 것과 찾는 것이 별개의 일이 아니라 둘 다 기도이며, 동일한 믿음이 요구됩니다. 바로 찾으면 찾아내게 된다는 믿음입니다. 그런데 찾는다는 전제는 반드시 믿음의 간구, 말로 하는 구함이 선행되어야 합니다. 구하지 않고 찾아나서면 넘어지고 맙니다. 예수님이 변화산에 올라가 안 계시는 동안 남은 제자들이 귀신 들린 아들을 고치려고 했지만 고치지 못했습니다. 그런데 예수님이 귀신을 꾸짖으시니 귀신이 나가고 아이가 나았습니다. 그 후 제자들이 우리는 어째서 귀신을 쫓아내지 못했는지 묻자 예수님은 "기도 외에 다른 것으로는 이런 종류가 나갈 수 없느니라"라고 말씀하셨습니다. 그렇습니다. 우리가 먼저 기도하고 어떤 행동을 했다면 얼마나 달라졌을까요? 반대로 기도로 구한 만큼 찾았다면 얼마나 많은 응답을 받았을까요?

기도하면 두 가지 역사가 일어납니다. 첫째, 기도하면 기도하는 내가 변합니다. 기도하면 게으른 사람이 부지런해지고, 기도하면 꿈이 없던 사람에게 꿈이 생기고, 기도하면 건방진 사람이 겸손해지고, 기도하면 미련한 사람에게 지혜가 열립니다. 그러니까 기도를 하면 기도하는 사람이 달라집니다. 누군가 미워하는 사람이 생겨서 그 사람을 놓고 계속 기도하면 그 사람이 아니라 99퍼센트 내가 변합니다. 그 사람은 여전히 변한 것이 없는데 그 사람을 보는 내 눈이 달라져서 그 사람을 품어주게 되니까 마치 그 사람이 변한 것처럼 보이는 것입니다.

둘째, 기도하면 기도해서 변한 내 모습을 보고 다른 사람이 변합니다. 남편의 변화를 위해 기도하면 남편이 변하는 것이 아니라 아내가 변할 확률이 더 많습니다. 결국 아내가 변하니까 그 모습을 보고 남편이 변하는 것입니다. 자식이 돌아오기를 위해서 기도했는데 하나님은 그 자식을 나무라는 것이 아니라 어미 되고 아비 된 우리를 꾸짖으십니다. 그러면 통곡하고 기도하게 되고, 그래서 자식에 대한 잔소리가 없어지고 자식을 믿어주게 됩니다. 부모인 내가 변한 것입니다. 결국 내가 회개했더니 자식이 돌아옵니다. 구했으면 찾아나서십시오. 찾아나서면 찾아내게 되어 있습니다.

두드리는 기도

마지막으로 찾았으면 문을 두드리십시오. 문이 열리고 사람이 움직이고 어떤 일이 성사되도록 힘쓰십시오. 그것이 두드리는 기도입니다. 어떤 이가 설교의 능력을 구하는 기도를 했다면 그는 성경을 부지런히 봐야 합니다. 받은 설교의 은사를 활용하여 부지런히 설교 잘하는 방법을 찾아서 공부하고, 책을 읽고 연구하고, 남의 설교도 수없이 들어야 설교의 능력이 내 것이 되는 것입니다. 시간과 정성을 들여서 설교를 준비해야 합니다. 정필도 목사님 같은 분도 어느 목사가 설교를 좀 잘한다고 하면 그의 설교 테이프를 구해서 테이프가 늘어질 때까지 그 설교를 듣고 또 들었다고 합니다.

직장을 구하는 기도를 했으면 직장을 찾아 나설 뿐 아니라 영어도 배우고 기술도 배우고 자격증도 구비해야 합니다. 장가가고 시집가기 원하면 기도하고 몸을 만들고 일터를 찾아 누가 찾아오게끔 꽃을 피워야지 아무것도 하지 않는데 저절로 결혼하게 되지는 않습니다. 가족의 구원을 위해 기도했으면 가족에게 전도하고 남편에게 교회에 가자고 잔소리도 해야 합니다. 구하고 찾아냈으면 두드리십시오. 기도하고 행동하는 그리스도인들이 되십시오. 기도의 세 방면을 기억하여 구하는 기도, 찾는 기도, 두드리는 기도를 통해 풍성한 기도의 사람이 되시기 바랍니다.

06

깊은 기도로 나아가라

누가복음 22:39-46

물도 얕은 물이 있는가 하면 깊은 물도 있습니다. 당연히 사람도 '깊은 사람'이 있습니다. 생각이 깊고, 마음씀씀이가 깊고, 지식이 깊고, 성품이 깊은 사람입니다. 저도 나이가 들수록 깊은 사람이 되는 것이 소원입니다. 깊은 사람은 팔랑개비 같지 않고 진득합니다. 얼굴이 금세 변하지 않습니다. 물이 얕으니까 잠깐의 햇볕에도 금세 물이 마르지, 깊은 물은 쉽게 마르지 않습니다.

깊은 기도 1 능력 있는 기도

기도에도 깊은 기도가 있습니다. 첫째, 깊은 기도란 능력 있는 기도입니다. 능력 있는 기도는 마귀가 건드리지 못하는 강력한 기도입니다. 어떤 사람의 기도는 마귀의 공격에 패배합니다. 예수님이 겟세마네 동산에서 기도하실 때 제자들은 전부 깊은 잠에 빠져버렸습니다. 예수님도 육체로 계셨기 때문에 피곤하셨을 것입니다. 그러나 예수님은 깊은 기도, 강력한 기도를 하셨기 때문에 마귀의 권세와 시험을 이길 수 있었습니다.

우리도 기도회의 자리에 시간이 남아서, 할 일이 없어서 온 것이 아닙니다. 주님을 만나고 싶고, 우리 기도에 불이 떨어지고, 하늘 문이 열리는 뜨거운 기도를 드리고 싶어서 이 자리에 왔습니다. 그러나 모두가 그 목적한 바를 다 이루는 것은 아닙니다. 어떤 이는 찰랑거리는 얕은 기도를 하다가 금세 돌아가버립니다. 우리가 기도하면 기도하지 못하게 하는 방해가 다 있습니다. 깊은 기도란 그런 마귀의 공격과 시험을 이기는 기도입니다.

깊은 기도 2 날마다 진보하는 기도

둘째, 깊은 기도란 날마다 진보하는 기도입니다. 우리의 기도가 작년과 같거나 지난달, 지난주와 같다면 전진하지 못한 것입니다. 우리가 드리는 기도가 판에 박힌 듯 내 문제, 내 가족, 내 교회에 매몰되어 있다면 그것도 깊은 기도가 아닙니다. 우리가 드리는 기도의 내용도 진보해야 합니다.

보통 사람이 턱걸이를 10개 하기가 쉽지 않습니다. 그런데 어떤 사람이 턱걸이 10개를 목표로 노력해서 며칠 사이에 마침내 턱걸이를 10개 하게 되었다고 합시다. 그런데 그다음 날에도 10개, 그다음 날에도 10개, 턱걸이 10개를 계속하다가 80세로 죽을 때까지 턱걸이를 10개만 한다면 어떨까요? 어느 날 우연히 지나가는 사람이 보기에는 노인이 턱걸이를 10개나 너끈히 하니까 대단하다고 박수를 치겠지만, 그를 가까이서 지켜본 사람은 그가 평생 턱걸이를 10개만 해왔다는 사실을 잘 알 것입니다.

반면에 어떤 사람이 턱걸이를 시작했는데, 처음에는 하나도 하지 못했습니다. 그래서 턱걸이를 1개 하는 데 1년이 걸렸습니다. 만약 그가 10살에 턱걸이를 시작해서 11살에는 턱걸이 2개를 목표로 매년 턱걸이 개수를 하나씩 늘려나가 80세가 되자 턱걸이를 70개나 할 수 있게 되었다면 어떨까요. 그러니까 한 사람은 죽을 때까지 턱걸이를 10개씩 규칙적으로 해서 10개는 쉽게 할 수 있지만 11개는 해보지 못했고, 1년에 1개씩 턱걸이 개수를 늘려간 사람은 50년이 흐르면 50개의 턱걸이를 할 수 있게 되는 것입니다.

기도도 마찬가지입니다. 평생 얕은 물가에서 발목만 적시는 기도를 하다가 돌아가면 아무리 철야기도회에 빠지지 않아도, 다른 사람들이 보기에 기도를 열심히 하는 것 같아도, 결국 기도를 시작만 하고 깊은 기도를 경험해보지 못한 사람이 되고 맙니다. 예수님은 베드로에게 깊은 데로 가서 그물을 내려 고기를 잡으라고 말씀하셨습니다. 어부인 베드로에게는 예수님의 말씀대로 하는 것이 처음 하는 도전이었을 것입니다. 그러나 예수님의 말씀대로 했을 때 그는 자신이 평생 해보지 못한 경험을 하게 됩니다.

그리스도인이 하루에 1시간씩 기도하는 것도 결코 쉬운 일은 아닙니다. 그러나 10년째 1시간만 기도하면 진보는 일어나지 않습니다. 더 깊은 기도를 하기 원한다면 지금까지 해오던 방식, 패턴에서 벗어나 새로운 경험에 도전해야 합니다. 금식기도를 하든지, 기도원에 올라가 기도하든지, 예수님을 본받아 온밤을 지새워 기도하는 것입니다. 영적 진보가 있는 깊은 기도에 도전할 때 우리는 새로운 은혜를 경험하게 됩니다.

깊은 기도 3 변화를 이루는 기도

셋째, 깊은 기도란 자신의 변화를 이루는 기도입니다. 기도를 계속하는데도 달라지지 않는다면 그것은 턱걸이를 매일 10개씩 해서 체력이 더 이상 나빠지지는 않아도 결단과 변화를 실행할 수 있을 만한 그 이상의 힘은 생기지 않는 상태라고 할 수 있습니다.

콜럼버스는 지구가 둥글다는 것을 믿고 인도로 가는 새로운 항로를 찾으려고 하다가 신대륙을 발견한 사람입니다. 그의 '콜럼버스의 달걀'이라는 유명한 일화가 있습니다. 그가 신대륙을 발견하고 돌아와 열린 축하 연회에서 많은 사람들이 그를 칭송했지만, 몇몇 사람들은 배를 타고 서쪽으로 계속 갔다면 누구나 신대륙에 도착했을 것이라고 비아냥거렸습니다. 그러자 콜롬버스가 달걀 하나를 들어서 "누구든지 탁자 위에 이 달걀을 세워보시오"라고 말했습니다. 너도나도 달걀을 세워보려고 했지만 둥근 달걀은 금세 쓰러졌습니다. 그때 콜럼버스가 달걀을 탁자 위에 살짝 내리쳐서 달걀을 세웠습니다. 그랬더니 사람들이 "그렇게 달걀을 세울 거면 누군들 못하겠소?"라고 반박했습니다. 콜럼버스는 다시 "남이 한 것을 따라 하기는 쉬워도 처음 해내는 것은 쉽지 않은 일이오"라고 말했다고 합니다.

그렇습니다. 다른 사람들은 지구가 둥그니까 대서양을 가로질러 서쪽으로 계속 항해하면 인도에 갈 수 있을 거라는 생각, 달걀 밑부분이 살짝 깨지기는 하겠지만 그렇게라도 달걀을 세울 수 있다는 생각은 하지 못했습니다. 틀을 깨지 못하면 더 깊은 데로 나갈 수 없습니다. 콜럼버스는 두려워하지 않고 그 틀을 깨고 한 걸음 더 나아간 것입니다. 마찬가지로 우리의 기도가 여상한 기도에 머무른다면 나 자신이 변화될 수 없고 세상을 바꿀 수도 없습니다.

얕은 기도에 멈추는 이유 1 적은 기도의 분량

우리가 깊은 기도로 나아가지 못하고 얕은 기도에 멈추고 마는 이유가 있습니다. 첫째, 적은 기도의 분량 때문입니다. 한 심마니가 삼(蔘)을 캐러 산에 오르기를 10년째인데 삼을 캐지 못했습니다. 그런데 우연히 처음 그를 따라나선 누군가 삼을 찾는다면 10년째 산에 다닌 심마니가 얼마나 열이 받겠습니까. 영적인 원리도 그럴 수 있다는 것입니다.

10년째 철야를 다니는 사람이 자신도 데리고 가달라는 셀 식구를 차에 태워서 철야에 왔습니다. 그러다보니 늦어서 본당에도 들어가지 못하고 3층에서 영상으로 예배를 드리게 되어 마음이 뒤숭숭합니다. 그런데 찬송이 시작되자마자 그 셀 식구가 울기 시작하더니 설교 시간 내내 울고, 기도할 때 완전히 은혜를 받아 뒤집어졌습니다. 예배가 끝나고 집에 가자고 해도 자기는 더 기도하고 가겠다고 먼저 가라고 합니다. 자신은 냉랭한 가슴을 안고 예배당을 나오는데, 처음 나온 그는 불을 받아버렸습니다. 만에 하나 이런 일도 있을 수 있습니다. 물론 이것이 정상은 아닙니다. 처음 산에 간 사람이 삼을 찾을 확률보다 10년을 산을 뒤진 사람이 삼을 찾을 확률이 훨씬 높습니다.

어떤 사람은 기도의 분량이 중요하냐고 묻습니다. 네. 중요합니다. 분량이 중요하지 않다고 말하는 사람은 기도를 안 하겠다는 것입니다. 깊은 기도에 들어가기 위해서 우리는 많은 분량의 기도를 드려야 합니다. 기도가 날마다 잘 되는 것은 아닙니다. 기도의 씨름을 하고 씨름하고 씨름하고 계속 씨름하다보면 어느 날 기도가 뚫리는 날이 오는 것입니다.

물론 한 번의 강력한 기도도 응답은 받습니다. 그러나 한 번의 강력한 기도가 이루어지기까지 수없이 많은 기도의 시간이 있었다는 것을 기억해야 합니다. 제단에 불을 내린 엘리야의 기도는 짧았습니다.

> 저녁 소제 드릴 때에 이르러 선지자 엘리야가 나아가서 말하되 아브라함과 이삭과 이스라엘의 하나님 여호와여 주께서 이스라엘 중에서 하나님이신 것과 내가 주의 종인 것과 내가 주의 말씀대로 이 모든 일을 행하는 것을 오늘 알게 하옵소서 여호와여 내게 응답하옵소서 내게 응답하옵소서 이 백성에게 주 여호와는 하나님이신 것과 주는 그들의 마음을 되돌이키심을 알게 하옵소서 하매 왕상 18:36-37

엘리야의 기도는 "내가 주의 종인 것과 내가 주의 말씀대로 이 모든 일을 행하고 있다"는 것을 증명하여 보여달라는 기도였습니다. 주께서 이스라엘의 하나님이신 것을 보여달라는 1분 남짓한 기도입니다. 그러나 상대인 바알과 아세라의 선지자들은 아침부터 저녁까지 그 신들의 이름을 불렀고, 피가 흐르도록 칼과 창으로 자신들의 몸을 상하게 하며 응답을 구했습니다.

그렇다면 하나님께서 엘리야가 드린 이 한 번의 짧은 기도만 받으셨을까요? 그 전부터 엘리야는 이스라엘 백성들과 그 시대의 우상으로 인해 많은 시간을 기도한 사람입니다. 어떤 사람의 기도가 짧은 것 같은데 강력하다면 그 사람 안에 영적인 내공이 쌓여 있는 것입니다. 그 짧은 기도에 응답이 있다면 그 배후에 눈물 어린 강하고 깊은 기도가 쌓여 있다는 것을 기억하시기 바랍니다.

더 많은 분량의 기도를 드리기 원한다면

그런데 우리가 많은 분량의 기도를 드리기 위해서는 첫째, 일정 시간을 떼어내야 합니다. 모든 사람에게는 동일하게 24시간이 주어집니다. 그 시간 안에서 기도의 시간을 따로 떼어놓는 것은 희생을 의미합니다. 남이 하는 거 다 하고, 남이 노는 거 다 놀고, 남이 먹는 거 다 먹으면서 무슨 수로 기도를 많이 합니까? 일정한 시간을 희생하지 않는다면 기도의 시간은 주어지지 않습니다. 잠자는 시간을 줄이고, 취미를 줄이고, 즐거움을 포기해야 가능한 것입니다.

둘째, 사람과의 만남을 자제해야 합니다. 우리가 사람과 만나 대화하는 시간이 길면 하나님과 만나 대화하는 시간이 줄어들 수밖에 없습니다. 우리의 목표는 사람을 만나는 것보다 하나님을 만나서 사람에게 말하는 것보다 하나님께 더 많이 말하는 것입니다. 하나님을 가까이하기 위해서 사람과의 거리는 필수적입니다.

초기 기독교의 수도승 중에 '기둥 위의 성자'라고 불린 시므온(Simeon the Stylite, 390-459)은 극단적인 금욕주의자였습니다. 어느 정도로 극단적이었느냐 하면, 그는 높은 기둥을 세우고 그 위에서 생활하며 서서 기도하고 금식을 수행했습니다. 그런 그에게서 능력이 나타나자 사람들이 그를 알아보고 기도와 조언을 구하기 위해 그를 찾아왔습니다. 사람들이 몰려들수록 점점 하나님과 만나는 시간에 방해가 된다는 것을 깨달은 시므온은 사람들을 피해 기둥을 더 높이 올렸습니다. 하나님께 몰입하기 위해서는 세상을 등지고 사람과 거리를 두어야 한다는 것을 알았던 것입니다.

애초부터 기도를 잘하는 사람은 없습니다. 애초부터 기도의 사람으로 태어나는 것이 아닙니다. 한글을 떼고 태어난 사람이 있습니까? 글을 읽어야 한글을 떼게 되듯이, 기도도 기도를 하다보니까 기도의 사람이 되고, 기도의 용사가 되는 것입니다. 기도하다보니까 기도의 맛을 알게 됩니다. 기도에 힘쓰다가 어느 때는 실패하고, 어느 때는 성공하고, 어느 때는 씨름만 하다가 가기도 합니다. 어느 때는 하늘의 문이 열리는 신령한 체험을 하기도 합니다. 그런 기도의 내공들이 쌓여 우리가 모르는 동안 능력을 받고, 우리가 모르는 동안 사랑을 받고, 우리가 모르는 동안 은사도 받아 어느새 하나님의 사람이 되어 가는 것 아니겠습니까?

우리가 다른 욕심을 부릴 일이 없습니다. 외부 사역, 여러 회의, 교회 행정보다 주님과 대면하여 엎드려 기도하고, 주님을 묵상하십시오. 결국은 우선순위의 문제입니다. 우선순위를 기도에 두십시오. 남는 시간에 기도할 생각하지 말고, 기도하고 남은 시간에 다른 뭔가를 하는 것으로 우리의 생활 패턴을 바꿀 필요가 있습니다. 적은 기도의 분량이 얕은 기도를 만듭니다. 하나님께 많은 분량의 기도를 드려야 그 속에서 좋은 기도, 깊은 기도가 나옵니다.

얕은 기도에 멈추는 이유 2 열정 없는 기도

둘째, 열정이 없는 기도가 얕은 기도에 머무르게 합니다. 우리가 왜 부르짖습니까? 왜 통곡하게 되고, 왜 밤을 새우게 되고, 왜 금식하게 됩니까? 그만큼 절박하기 때문입니다. 성경에 "부르짖으라"라고 했는데 이것은 시끄럽게 소리를 내라는 것이 아닙니다. 하나님을 찾는 간절한 믿음의 기도를 드리다보니 소리가 커지는 것입니다. 절박한 애통의 기도를 드리다보니 눈물이 나오는 것입니다.

> 그가 더욱 크게 소리 질러 이르되 다윗의 자손이여 나를 불쌍히 여기소서 하는지라 막 10:48

소경 거지 바디매오가 처음부터 그렇게 소리를 지른 것이 아닙니다. 그가 앞을 보지 못하니까 주님을 찾을 길이 없었는데, 주님이 지나가신다고 하니 그것이 그에게 주님을 만날 일생일대의 기회였습니다. 그는 이 기회를 놓칠 수 없었습니다. 누가 말려도 소용없고, 다른 사람 체면 볼 때가 아니고, 분위기 파악 못한다고 욕을 먹어도 할 수 없습니다. 그래서 "다윗의 자손 예수여 나를 불쌍히 여기소서" 하고 크게 외친 것입니다. 깊은 기도는 반드시 이런 열정이 있는 기도입니다. 얕은 기도는 열정이 없고, 뜨거움이 없고, 불이 없는 기도입니다.

예수님의 깊은 기도

하나님은 하나님 앞에 열정을 가지고 소리를 크게 내는 기도만 들으시는 것은 아닙니다. 오히려 정말 깊은 기도에 들어갔을 때 소리가 나오지 않을 수도 있습니다. 예수님이 감람산에 가서 기도하셨습니다.

> 예수께서 힘쓰고 애써 더욱 간절히 기도하시니 땀이 땅에 떨어지는 핏방울 같이 되더라 눅 22:44

제자들이 잠든 사이에 예수님이 얼마나 힘쓰고 애써서 간절히 기도하셨는지, 땀이 나고 땀에 피가 섞여 핏방울처럼 떨어질 만큼 기도하셨습니다. 히브리서 기자는 이 장면을 이렇게 재해석하고 있습니다.

> 그는 육체에 계실 때에 자기를 죽음에서 능히 구원하실 이에게 심한 통곡과 눈물로 간구와 소원을 올렸고 그의 경건하심으로 말미암아 들으심을 얻었느니라 히 5:7

히브리서 기자는 하나님께서 예수님의 이 간구를 들어주셨다고 전합니다. 예수님이 겟세마네 동산에서 생명을 건 기도에 승리하셨기 때문입니다. 제자들은 십자가 앞에서 다 도망쳤습니다. 그러나 예수님은 이 기도에 승리하셨기 때문에 십자가를 피하지 않고 질 수 있었습니다. 우리 주님이 십자가를 지신 것은 승리한 기도의 열매입니다.

우리가 어떻게 순교를 하나요? 기도해야 순교합니다. 능력이 있어야 순교하는 것입니다. 우리가 어떻게 용서합니까? 기도해야 용서합니다. 어떻게 침묵합니까? 어떻게 해야 변명하지 않습니까? 기도해야 변명하지 않습니다. 어떻게 해야 복음의 능력이 나갑니까? 기도해야 복음의 능력이 나갑니다. 어떻게 해야 죄를 이깁니까? 기도해야 죄를 이깁니다. 기도하지 않으니까 죄에 번번이 패배하고, 기도하지 않으니까 남의 험담이나 하고 다니고, 기도하지 않으니까 거짓말하는 것입니다.

우리의 겉사람은 낡아지나 우리의 속사람은 날로 새로워지도다

고후 4:16

10년 전과 지금 우리의 모습이 달라야 하지 않습니까? 10년 후 우리의 겉사람이 지금보다 늙어가는 것을 무슨 수로 막습니까? 힘이 없어지고 육체가 쇠퇴하는 것을 무슨 수로 막습니까? 못 막습니다. 그러나 겉사람은 후패하더라도 우리의 속사람은 말씀과 기도로 무장하여 더 강해지고, 더 성숙해지고, 더 깊어지고, 더 충만한 사람이 되어야 합니다. 이것이 우리의 소원이 되어야 합니다. 나이

먹고 대접받고 싶어 하다가, 높은 데만 찾아다니다가 망신당하지 말고, 우리의 속사람이 날마다 강건해지고, 겸손해지고, 낮아지고, 온전해지도록 계속해서 기도의 자리에 나가야 합니다. 그 길밖에는 없습니다.

얕은 기도에 멈추는 이유 3 믿음 없는 형식적인 기도

사실 우리도 어떤 기도는 하나님이 듣지 않으신다는 확신이 있습니다. 바리새인이 길거리에 서서 기도하는 것을 보면 저것은 기도가 아니라 가짜라는 것을 압니다. 그것은 기도하는 척하는 것이고, 사람들에게 보이려는 것이고, 사람들의 칭찬을 구하는 것이기 때문에 응답받지 못합니다. 사람들도 그것을 알고 예수님도 아셨습니다. 더욱 아이러니한 것은 그렇게 기도하는 사람 역시 이 기도에 능력이 없고, 믿음이 없고, 응답이 없다는 것을 알고도 하는 기도라는 점입니다. 그러나 이제는 믿음 없는 형식적인 기도를 제발 버리시기 바랍니다.

엘리야와 같은 기도의 사람은 믿음으로 불이 내릴 줄 알고 미리 도랑까지 파두었습니다. 번제물과 나뭇단에 물을 부어 제단에서부터 물이 흘러서 도랑에 가득 찼습니다. 반드시 불이 내린다는 믿음이 없으면 어떻게 도랑을 파고 물을 부을 수 있겠습니까. 엘리야 역시 불을 두 번 내린 적이 없습니다. 강력한 믿음의 기도를 통해 단번에 하나님의 불이 내린 것입니다.

깊은 기도에 도전하라

그렇다면 마지막으로 깊은 기도로 나가기 위해서 우리는 무엇을 해야 할까요? 첫째, 규칙적이고 정기적인 기도에 도전하시기 바랍니다. 습관적인 기도는 외식적인 기도일 수 있지만 기도하는 습관은 얼마나 귀한지 모릅니다. 이삭은 들에 나가 기도하고 있을 때 리브가를 만나게 되었습니다. 아브라함의 늙은 종 역시 주인의 아들의 배우자를 구하러 가서 기도했습니다. 기도가 몸에 밴 것입니다. 예수님도 습관을 따라 기도하셨고, 베드로 역시 정해진 기도 시간에 기도하러 성전에 올라갔습니다. 기도가 잘 안 되더라도 지속적으로, 규칙적으로 기도할 때 돌파하는 능력의 기도, 깊은 기도로 나아가게 될 것입니다.

둘째, 사람을 의식하지 않아야 합니다. 사람을 의식하는 것은 결국 하나님을 의식하지 않는 것입니다. 어떤 일에 깊이 몰입하면 시간도, 장소도, 사람도 잊게 됩니다. 내 기도가 옆사람에게 들릴 것을 의식하는 정도의 기도를 깊은 기도라고 할 수는 없습니다.

셋째, 성령 충만함을 입어야 합니다. 성령에 사로잡혀 기도하는 것입니다. 그래야 불이 있는 기도, 기도다운 기도를 할 수 있습니다.

정기적으로 기도하십시오. 사람을 많이 만나지 맙시다. 사람보다 하나님 앞에 나아가 하나님을 더 많이 만나십시오. 골방에서 하나님을 만나십시오. 사람보다 더 각별히 하나님과 대화하십시오. 얕은 물가에서 발목만 적시는 얕은 기도의 사람이 되지 말고, 뻔한 기도를 청산하고 깊은 데로 나아가는 거룩한 도전을 하시기 바랍니다. 거룩한 모험을 통하여 새로운 능력을 받고, 새로운 힘, 새로운 은혜를 입고, 새로운 경험을 통하여 우리의 기도가 더 깊어질 수 있기를 바랍니다.

07

전투하는 기도

출애굽기 17:8-16

우리 하나님은 살아 계십니다. 기도하면 들으시고 특별히 우리의 믿음의 간구에 응답하십니다. 믿음은 전염됩니다. 악한 사람을 만나면 악하게 되고, 부정적인 사람을 만나면 부정적인 사람이 됩니다. 믿음의 사람, 믿음의 언어, 믿음의 자리, 믿음의 환경 가운데 거할 때 우리의 믿음이 극대화되고 그때 기도가 응답됩니다.

기도를 여러 형태로 정의할 수 있는데, 왜 기도를 '전투'라고 표현하는 것이 합당할까요? 전투와 기도에는 동일한 특징이 몇 가지 있습니다. 그중 첫 번째는 '적'이 있다는 것입니다. 전투할 때 적이 있듯이 기도에도 적이 있습니다. 즉, 기도에 저항이 있고, 기도를 방해하는 존재가 있다는 것입니다.

내 안에 적이 있다

첫째, 내 안에 적이 있습니다. 기도의 가치를 아는 사람은 많습니다. 적어도 그리스도인이라면 기도의 가치를 알고, 더 나아가 기도의 능력과 응답을 믿습니다. 어려울 때, 문제가 생겼을 때, 심지어 아무 일도 없을 때조차 기도의 부담을 느끼며 살아갑니다. 그러면 기도하면 되는데, 사람들이 왜 기도를 하지 않습니까? 그것은 기도가 힘이 들기 때문입니다. 기도에 대한 저항, 즉 기도를 방해하는 적 때문입니다. 우리의 혼적 게으름과 나태가 기도를 방해합니다.

우리는 등산이 건강에 좋고, 밥을 먹은 다음 바로 누우면 건강에 해롭다는 것을 압니다. 그러나 밥을 먹고 벌러덩 드러눕는 경우가 많습니다. 운동이 좋은 줄 알지만 근육에 저항이 있고 신체에 고통이 따르니까 운동을 지속하기 어려워합니다. 3시간짜리 영화도 시간이 금방 갑니다. 그런데 3시간 기도를 한다고 생각하면 어떻습니까? 솔직히 3시간 기도하는 것은 만만치 않습니다. 우리가 기도를 안 하면 아무 일도 없지만, 기도하면 내 육체와 혼의 저항이 있습니다.

기도는 힘쓰는 것이지 기도가 저절로 밥 먹듯이 되지는 않습니다. 그러면 기도가 왜 어렵습니까? 왜 기도가 영화 보는 것보다 어렵고, 체육대회보다 어렵습니까? 육을 가진 인간이 영이신 하나님 앞에 머무르고 계속 엎드린다는 것은 결코 쉬운 일이 아닙니다. 우리의 영과 육은 서로 상치됩니다. 세상과 하나님의 나라 역시 상극입니다. 그런데 우리 안에 이 영과 육이 상존하고 있습니다. 우리가 진리를 알았으니 영을 추구하고, 하나님의 나라를 추구하고, 주님이 기뻐하시는 것을 추구해야 하는데, 나의 육이 그것을 따라가지 못하기 때문에 사도 바울 역시 "오호라 나는 곤고한 사람이로다 이 사망의 몸에서 누가 나를 건져내랴"(롬 7:24)라고 한탄한 것입니다.

우리 육체의 한계와 죄성으로 인한 나태가 영적으로 유익한 것에 대한 강력한 저항을 불러오기 때문에 기도라는 전투에서 승리하기가 쉽지 않은 것입니다.

> 그는 육체에 계실 때에 자기를 죽음에서 능히 구원하실 이에게 심한 통곡과 눈물로 간구와 소원을 올렸고 그의 경건하심으로 말미암아 들으심을 얻었느니라 히 5:7

예수님도 이 세상에서 기도하실 때 심한 통곡과 눈물로 간구와 소원을 올렸습니다. 예수님은 우리와 똑같은 육체를 입고 이 땅에 오셨기 때문에 분명히 우리와 똑같이 아프셨고 피곤하셨습니다. 예수님이 풍랑이 이는 바다 가운데 배에서 주무셨다는 것은 우리 주님이 얼마나 곤비하셨는지를 알 수 있는 대목입니다.

겟세마네 동산에서 예수님이 최후 기도를 하실 때 제자들은 다 잠이 들어버렸습니다. 극도의 피로와 스트레스, 뭔가 심상치 않은 일들이 일어날 것 같은 불안과 억압이 심하면 더 피곤해지는 법입니다. 제자들이 잠든 것을 보시고 예수님이 기도하라고 깨우셨는데도 불구하고 제자들은 그러지 못했습니다. 이때 예수님 역시 동일하게 피곤하셨습니다. 그런데도 주님은 철야기도를 하셨습니다. 예수님이기 때문에 쉬웠을 거라는 것은 말이 안 되는 소리입니다.

> 천사가 하늘로부터 예수께 나타나 힘을 더하더라 예수께서 힘쓰고 애써 더욱 간절히 기도하시니 땀이 땅에 떨어지는 핏방울같이 되더라
>
> 눅 22:43-44

예수님은 "그가 육체에 계실 때에…"(히 5:7) 힘쓰고 애써 더욱 간절히 기도하셨습니다. 우리가 힘들면 주님도 똑같이 힘드셨습니다. 주님도 힘쓰고 애써 기도하셨습니다. 그러나 그 후 승귀하신 예수님의 기도는 이 땅에서 기도하실 때와 비교가 되지 않을 만큼 쉬웠을 것입니다. 왜냐하면 한계가 있는 육체를 벗으시고 차원이 다른 온전한 기도를 드릴 수 있을 것이기 때문입니다.

예수님이 얼마나 힘쓰고 애써서 기도하셨는지 땀방울이 빗방울같이 되었습니다. 천사가 나타나 기도하시는 주님을 도와주었습니다. 힘들지 않는데 도와주나요? 그러나 천사도 힘을 북돋울 뿐 온 인류를 위해 십자가를 져야 하는 사역은 대신할 수 없기 때문에 우리 주님은 외로운 그 길을 홀로 기도로 돌파하셨습니다. 그러니까 육체에 계실 때 예수님조차 기도하려면 강한 육체의 저항 때문에 힘드셨다면 우리는 오죽하겠느냐는 것입니다.

그만큼 기도가 만만하지 않고, 기도가 전투이며, 내 안에 기도를 방해하는 적이 있다는 것을 전제하고 기도에 임하시기를 바랍니다. 오직 기도로만 돌파해야 할 일이 있습니다. 그렇다면 기도하는 길밖에 없습니다. 기도로 싸우는 수밖에 없습니다. 무조건 싸워서 이겨야 합니다. 이 영적 전투가 바로 기도입니다.

영적인 방해가 있다

둘째, 영적 방해가 있습니다. 기도의 가치를 아는 마귀는 가만히 있지 않고 공격합니다. 우리 주님이 십자가를 지려고 하니까 엄청난 방해가 있었고, 바울의 전도여행에서도 집중적으로 공격을 퍼부었습니다. 하나님의 역사, 생명의 역사가 일어나려고 하기 때문입니다. 영적 공격이 있다는 것을 알고, 그 공격에 대비하는데도 당하고 넘어지는 것이 인간입니다. 그럼에도 불구하고 우리의 결론은 기도입니다. 기도로 돌파해야 합니다. 믿음으로 돌파하는 것입니다. 애꿎은 사람을 원수나 표적으로 삼지 말고, 이 모든 일을 이루시는 하나님을 믿으며 포기하지 말고 기도로 전진해야 합니다.

1. 마귀는 기도를 우선순위에서 밀어낸다

마귀는 기도를 방해하기 위해서 우리의 우선순위에서 기도를 밀어내는 작업을 끊임없이 합니다. 차라리 기도하려고 하는데 사고가

나거나 병이 나서 어디가 아프면 그것이 방해임을 알 수 있습니다. 그런데 기도하기 전에 분주하게 만들고, 그다지 중요하지 않은 일을 중요한 것처럼 속여서 "다음에 기도하자", "내일 새벽부터 하자" 이렇게 작정만 하고, 기도의 시간을 계속 미루도록 합니다. 이것이 마귀의 속임수입니다.

우리가 기도의 시간을 확보하려면 사람과의 만남도 일정 부분 포기해야 합니다. 사람 만나서 수다 떨고, 골프 치러 다니면서 어떻게 기도합니까? 사람을 만나거나 운동하면 지칩니다. 그러면 음식을 먹어야 하고, 먹고 나면 졸리고, 그러다가 하루가 가다보니 "기도는 내일부터 하자"고 하면서 여기까지 오게 된 것입니다.

어릴 때는 어리니까, 수험생은 공부하느라, 직장에 들어가면 바빠서, 때가 되면 시집가고 장가가야 되니까, 아이들 양육 때문에, 돈 벌어서 집을 사야 되니까, 그러다가 어느새 주름살이 잡히고, 은퇴하여 병원에 누워 오늘내일하다가 기도 한번 제대로 하지 못한 인생이 되어버립니다. 우리가 기도를 우선순위에 두지 않으면 마귀에게 속아 평생 질질 끌려다닙니다. 비록 구원은 받았을지 모르지만 능력 있는 하나님의 자녀가 되지 못하고, 비참하게 전전긍긍하다가 막을 내리는 인생이 되게 하는 것이 마귀의 전략입니다.

2. 마귀는 우리 마음과 생각에 침투한다

마귀는 세 가지 영역에 침투하여 우리를 공격합니다. 바로 우리의 마음과 생각과 말입니다. 우리 마음을 좌절하게 만들고, 나쁘고 엉뚱한 생각을 집어넣어, 우리 마음과 생각에 있는 것이 나오게 하는 말로써 공격합니다.

> 모든 지킬 만한 것 중에 더욱 네 마음을 지키라 생명의 근원이 이에서 남이니라 잠 4:23

기도하러 왔는데 차에 휴대폰을 두고 온 생각, 집에 가스불을 잠그지 않은 것 같은 생각이 납니다. 기도를 시작하자마자 옛 상처가 떠오르거나 지금 아무 상관도 없는 생각으로 번잡하게 하고, 아직 일어나지도 않은 일들에 대한 염려와 상상들까지 우리 마음과 생각을 덮칩니다. 결국 마음과 생각이 복잡하고 다급해져서 기도의 자리에서 벗어나게 만드는 것입니다.

3. 마귀는 두려움을 준다

'두려움'을 한마디로 정의하면 "정당한 권리를 행사하지 못하게 하는 힘"입니다. 하나님의 자녀 된 우리의 권세를 쓰지 못하게 하는 것이 두려움입니다. 두려움에는 육체적 두려움과 영적 두려움을 같이 따져보아야 합니다. 기도실에서 두 사람이 기도하고 있었는데, 기도하는 소리가 사라지고 문소리가 나더니 어두운 데 덩그러니 혼자 남았습니다. 혼자 남아서 무섭습니까? 둘이면 둘이라서 좋고,

혼자라면 목청껏 부르짖어 기도할 수 있어서 좋은 것인데, 갑자기 두려움이 엄습하여 얼어붙는다면, 그것은 예수의 이름으로 대적하고 물리쳐야 합니다. 주님이 우리에게 주시는 것은 두려움이 아닙니다. 두려움은 마귀가 주는 것입니다. 주님은 두려움이 아니라 기쁨을 주시고, 염려가 아니라 평안을 주십니다. 과도한 두려움은 기도를 방해합니다.

환경의 방해가 있다

셋째, 환경의 방해가 있습니다. 기도할 때 사람을 통해 방해를 받기도 합니다. 기도하는 소리가 크다고 방해가 되는 것은 아닙니다. 오히려 기도 소리가 크면 우리에게 힘을 줍니다. 나도 덩달아 큰소리로 부르짖을 수 있을 것 같기 때문입니다. 그런데 건강하지 못한 사람의 기도 소리와 방언은 귀에 거슬립니다. 기도를 시작하면 비명을 지르는 사람이 있는데, 자신은 기도하는 것 같아도 그것은 기도가 아니라 기도를 방해하는 행동입니다. 과도한 괴성을 지르는 것은 부르짖는 기도가 아닙니다. 모두 기도하는데 혼자 찬송을 하는 것도 다른 사람의 기도를 방해하는 것입니다. 우리가 스스로 그런 기도의 방해꾼이 되지 않도록 조심해야 합니다. 건강한 기도의 표징은 주변 사람들에게 감동과 도전과 힘과 은혜를 끼치는 것입니다.

구체적인 환경의 방해로는 지나치게 큰소리나 작은 소리, 찬송

음악, 지나치게 춥거나 더워도 잡념을 일으켜 기도에 방해가 됩니다. 이런 기도의 방해꾼을 제거해야 합니다.

기도의 승리 뒤에 얻는 영광

그러면 왜 기도를 전투라고 부를 만할까요? 전투에서 승리하면 영광이 있듯이, 기도의 승리 뒤에도 영광이 따르기 때문입니다.

1. 영적 권능을 얻게 된다

기도는 영의 일입니다. 그래서 기도하면 당연히 영적 능력이 생깁니다. 영적인 힘은 기도 없이 불가능합니다.

> 이르시되 기도 외에 다른 것으로는 이런 종류가 나갈 수 없느니라 하시니라 막 9:29

예수님의 제자들이 귀신 들린 아이를 고치지 못한 것은 영력이 부족했기 때문입니다. 기도가 부족했기 때문에 영권이 없고, 그래서 귀신을 내쫓지 못한 것입니다. 우리가 육의 힘을 기르면 체력이 생기고, 지식의 힘을 기르면 혼의 지혜가 생기고, 말씀과 기도에 힘쓰면 영력이 생깁니다.

어떤 분이 사업에 실패한 뒤 술에 중독되어 폐인처럼 살고 있었습니다. 오갈 데 없이 고물상 한편에서 지내던 그가 어느 날 폐지 중에서 노트를 하나 주워서 죽기 살기로 성경을 쓰시 시작했습니다. 초등학교도 제대로 나오지 못한 그가 글씨를 쓴다는 것 자체가 큰 스트레스였지만, 약 3개월 만에 시편 1편부터 150편을 다 쓰게 되었습니다.

약간의 자신감을 얻고 비슷한 크기의 노트를 사서 이번에는 창세기부터 성경을 쓰기 시작했습니다. 그런데 출애굽기를 쓸 때쯤 술이 끊어지고, 요한계시록까지 전부 쓰고 난 뒤, 그 후로 성경 전체 필사를 여섯 번이나 했다고 합니다. 그 사이에 그는 아파트 경비원으로 취직을 했고, 경비 업무 이외의 시간에 계속해서 성경을 쓰고 있다고 합니다. 기회가 되면 성경을 필사한 노트를 저에게 보여주고 싶다고 하셨습니다.

이렇듯 말씀에는 능력이 있습니다. 말씀을 통해서 얻는 기적과 유익이 있습니다. 기도에도 능력이 있습니다. 우리가 기도할 때 영적 권능이 임합니다. 이것은 절대적으로 정직한 것입니다. 일한 만큼 소득이 있듯이 기도할 때 영적 권능이 임하는 것입니다. 하나님의 나라는 땀 흘리고 피 흘리고 눈물 흘리지 않고 이루어지는 것이 절대로 없습니다. 예수님도 힘쓰고 애쓰셨는데 우리가 어디서 거저 얻겠습니까? 천국은 침노해야 하고, 울며 씨를 뿌려야 거둘 것이 있습니다. 차려진 밥상에 숟가락만 얹으면 되는 것이 아니라 반드시 힘쓰고 애써서 기도해야 합니다.

나를 위한 중보자가 있다면 도움이야 되겠지만, 결국은 내가 기도할 때 내게 영적 권능이 쌓인다는 것을 믿으시기 바랍니다. 어떤 사람이 누구의 기도를 받고 병이 나을 수 있습니다. 혹은 누군가 중보해주어서 큰 위기 가운데서 헤어나올 수도 있습니다. 그러나 영적 권능은 누군가 기도해주고 있어서, 또는 누군가로부터 기도를 받아서 생기는 것이 아니라, 오직 본인이 하나님 앞에 씨름하고 기도한 만큼 쌓입니다.

또 누가 대신 싸워줄 수 없습니다. 반드시 내가 지켜야 할 영역이 있습니다. 내가 파수꾼이기 때문에 내가 막아내지 못하면 뚫리고 맙니다. 이스라엘에 골리앗을 꺾을 수 있는 자가 다윗밖에 없었습니다. 누가 대신 싸워줄 수 없었습니다. 사무엘 역시 사무엘이 기도하지 않으면 이스라엘이 뚫려버리기 때문에 자신의 사생활을 포기하면서까지 자신은 이스라엘을 위하여 기도하기를 쉬는 죄를 범하지 않겠다는 절박함으로 기도했습니다. 전쟁터에 나간 용사에게는 앞에 있는 적만 보일 뿐입니다.

우리가 이 기도의 승리를 통해서 얻게 되는 것이 영적인 힘입니다. 베드로가 기도 시간에 성전에 올라가다가 성전 미문에 앉아 구걸하는 걷지 못하는 사람에게 "은과 금은 내게 없거니와 내게 있는 이것을 네게 주노니 나사렛 예수 그리스도의 이름으로 일어나 걸으라"라고 하고, 걷지 못하는 자를 일으키자 그가 뛰고 서서 걸었습니다. 심지어 베드로가 지나갈 때 혹 그의 그림자라도 덮이기를 바라서 병자를 길 위에 눕혀놓기도 했습니다.

> 심지어 병든 사람을 메고 거리에 나가 침대와 요 위에 누이고 베드로가 지날 때에 혹 그의 그림자라도 누구에게 덮일까 바라고 행 5:15

바울 역시 바울의 몸에 닿았던 손수건이나 앞치마를 병자에게 대기만 해도 병이 낫고 악령이 쫓겨나갔습니다.

> 심지어 사람들이 바울의 몸에서 손수건이나 앞치마를 가져다가 병든 사람에게 얹으면 그 병이 떠나고 악귀도 나가더라 행 19:12

저는 모든 그리스도인이 그리될 수 있다면 두려워할 것이 없다고 생각합니다. 무엇이 두렵겠습니까? 세상이 우리를 어떻게 무시하겠습니까? 한국 교회가 왜 짓밟히겠습니까? 차별금지법을 왜 걱정하고 이슬람을 왜 걱정하겠습니까? 우리가 착하지 않아서가 아니라 영권이 없는 것이 문제입니다. 그러나 아무 걱정하지 마세요. 기도하면 됩니다. 안 돼도 상관없습니다. 기도하다가 하나님 앞에 가면 승리하는 것입니다. 우리가 기도라는 영적 전투에 승리할 때 그 결과물로 영적 권능이 임하고, 주님의 마음이 임하고, 거룩함이 임하고, 존귀함이 따르고, 새로워집니다.

2. 기도하면 적들을 이길 수 있다

출애굽기 본문에는 육의 전쟁을 치르는 사람과 영의 전쟁을 치르는 사람의 모습이 나옵니다. 육의 전쟁에서는 여호수아가 그 선봉에 섰습니다. 이들은 창과 검으로 싸우는 사람들입니다. 그리고 모세는 후방에서 손을 들었습니다.

> 여호수아가 모세의 말대로 행하여 아말렉과 싸우고 모세와 아론과 훌은 산 꼭대기에 올라가서 모세가 손을 들면 이스라엘이 이기고 손을 내리면 아말렉이 이기더니 모세의 팔이 피곤하매 그들이 돌을 가져다가 모세의 아래에 놓아 그가 그 위에 앉게 하고 아론과 훌이 한 사람은 이쪽에서, 한 사람은 저쪽에서 모세의 손을 붙들어 올렸더니 그 손이 해가 지도록 내려오지 아니한지라 출 17:10-12

모세의 손이 올라가면 이스라엘이 이기고, 내려가면 여호수아가 밀리기 시작했습니다. 그러니까 모세의 손이 올라가면 하나님이 개입하시고, 손이 내려가면 하나님의 영향력이 사라졌다는 말입니다. 사실 이 본문에는 기도했다는 말이 하나도 없습니다. 그러나 우리는 대표적으로 이 본문을 기도로 해석합니다. 그러니까 손을 드는 것은 하나님께서 이 전쟁에 개입해주시도록 간구했다는 것입니다. 육의 전쟁의 승패가 여호수아에게 달려 있지 않았습니다. 무기나 병력 수나 전술에 달려 있지 않았습니다. 기도했더니 승리한 것입니다. 절박하게 영적 전투를 한 것입니다.

기도는 전투입니다. 대가를 지불해야 합니다. 성경에는 단순히 "아말렉과 그 백성을 쳐서 무찔렀다"고만 나와 있지만, 이스라엘 백성들 역시 죽거나 다친 사람이 많았을 것입니다. 전쟁에는 희생과 대가가 지불되기 때문입니다. 우리 인생도 전쟁입니다. 내 생명, 내 믿음, 내 자녀, 내 미래를 빼앗으려는 무리들이 세상에 가득합니다. 우리가 이 영적 아말렉과 싸워 이기는 길은 손을 들고 하나님께 기도하는 것뿐입니다.

기도하면 이긴다

기도 전쟁에서도 대가가 지불되어야 하기 때문에 일정한 희생이 필요합니다. 기도하면 예전의 즐거움을 일정 부분 포기해야 하고, 사람들과의 일정한 단절도 각오해야 합니다. 당장은 어렵겠지만, 저도 사람 만나는 것, 세상에서 일하는 것을 자제하고, 교회가 마지막 보루라는 심정으로 우리 후대를 위해서, 나라와 민족을 위해서 절박한 심정으로 기도의 자리를 사수하려고 합니다. "사람에게 말하기보다 하나님께 더 말하자", "사람 만나는 것에 중독되지 말고, 하나님을 만나는 것에 중독되자"라고 보이는 데 붙여놓고 노력해보려고 합니다.

새벽 아직도 밝기 전에 예수께서 일어나 나가 한적한 곳으로 가사 거기서 기도하시더니 막 1:35

우리 주님도 기도하기 위해서 잠을 줄여가며 새벽에 기도하셨습니다.

모든 사람이 주를 찾나이다 이르시되 우리가 다른 가까운 마을들로 가자 거기서도 전도하리니 내가 이를 위하여 왔노라 하시고 막 1:37-38

모두 예수님을 찾았습니다. 상담하고, 심방하고, 병자를 고치고, 귀신을 내쫓고, 밤이 늦도록 사역하시다가 잠깐 눈을 붙이고 동이 트기 전에 일어나 다른 방해가 없는 곳으로 가서 기도하신 것은 예수님도 그때가 아니면 기도할 수 없기 때문입니다.

우리가 사람을 만나는 것은 둘 중에 하나입니다. 유익하거나 피해가 있습니다. 그러나 하나님을 만나는 것은 100퍼센트 유익합니다. 정기적으로 하나님을 만나기 위해 대가를 지불하는 사람을 세상이 어떻게 이길 수 있겠습니까? 사람을 찾지 말고 하나님을 만나는 시간을 늘리십시오. 우리가 더욱 힘써서 하나님을 찾고 구해야 합니다.

기도는 전투입니다. 기도하지 않으면 지는 것입니다. 그러나 우리가 기도하면 이깁니다. 기도하면 승리합니다. 기도하면 영권이 생기고, 기도하면 응답이 오고, 기도하면 악한 영이 떠나가고, 기도하면 새로워지고, 기도하면 우리 자녀들이 변화되고, 기도하면 이 민족이 새로워질 것을 믿습니다. 기도의 능력을 믿으시기 바랍니다.

08

교회가 기도를 포기하면 생기는 일

누가복음 19:45-48

우리가 하는 일의 종류에는 해서는 안 되는 일, 해도 그만 안 해도 그만인 일, 꼭 해야 하고 안 하면 도리어 죄가 되는 일이 있습니다. 이 세상에서 해서는 안 되는 일이란 범죄 행위와 같은 악행으로 이런 일에는 반드시 나쁜 열매가 맺힙니다. 취미 활동이나 봉사는 하면 좋지만 안 해도 강제하지 않습니다. 봉사 같은 경우 누군가 하도록 권장하기는 하지만 안 하면 어쩔 수 없습니다. 그러나 반드시 해야 하는 일이 있습니다. 국방, 납세, 교육, 근로는 국민이라면 반드시 해야 하는 국민의 4대 의무입니다. 이것은 누가 대신해줄 수 없는 일, 반드시 해야 하고, 마음이 힘들고 벅차다고 해서 안 할 수 없는 일입니다.

반드시 해야 하고 안 하면 죄가 되는 일, 사무엘 선지자는 '기도'를 자신의 의무로 생각했던 것 같습니다. 그런데 기도를 하면 좋고 안 해도 어쩔 수 없는 일이라고 생각하는 사람들이 많습니다. 우리 교회는 성도들이 금요기도회에 많이 나오는 편입니다. 그렇지만 모든 성도가 나오는 것은 아닙니다. 주일예배보다 금요기도회나 철야예배에 더 많은 성도들이 나오는 교회가 있다는 소식을 들어보았습니까? 한국 교회는 100퍼센트 주일예배보다 금요기도회나 철야예배에 더 적게 나옵니다. 한국 교회에서 기도회나 철야예배를 주일처럼 의무로 생각했다면 이 정도로 적게 나오지는 않을 것입니다.

물론 금요기도회나 철야예배에 참석하는 것만으로 다 기도를 충만히 한다고 할 수는 없지만, 적어도 금요기도회나 철야예배에 와서 기도한다면 그것은 기도에 대한 가치를 알고, 기도의 짐을 함께 지고자 하는 것입니다. 피곤해도 빠지면 안 될 것 같아서 중보기도회와 새벽기도까지 꼬박꼬박 나와 있는 것, 꼭 해야 하고 누가 대신해줄 수 없다고 느끼는 이것이 사명입니다.

기도하는 교회!

그렇다면 교회가 기도하는 일은 어떤 범주에 속합니까? 교회에서 기도는 해도 되고 안 해도 되는 일입니까? 아니면 꼭 해야 되는 일입니까? 기도는 교회만 할 수 있는 일입니까? 어떻게 대답할 수 있겠습니까? 물론 우리는 정답을 청산유수로 할 수 있습니다. 우리 주님이 교회를 세우실 때는 꿈이 있었습니다. 교회가 있기 전 우리

하나님의 꿈, 하나님의 소원 역시 장차 "내 집은 만민이 기도하는 집이라" 칭함을 받을 것이라고 말씀하셨습니다.

> 내가 곧 그들을 나의 성산으로 인도하여 기도하는 내 집에서 그들을 기쁘게 할 것이며 그들의 번제와 희생을 나의 제단에서 기꺼이 받게 되리니 이는 내 집은 만민이 기도하는 집이라 일컬음이 될 것임이라 사 56:7

오늘날 교회는 세상으로부터 어떤 별칭으로 불립니까? 군대라면 "전투 잘하는 군대", 선수라면 "운동 잘하는 선수"로 불려야 하듯이, 교회는 큰 교회, 작은 교회, 좋은 교회, 싸우는 교회라는 평가를 들어서는 안 됩니다. '좋은 교회'라는 평가도 부족합니다. 교회는 모름지기 "기도하는 교회"로 인정받아야 합니다. 믿지 않는 사람들까지 교회는 기도하는 곳이라고 인정하려면 얼마나 많이 기도해야 하겠습니까. '만민이 기도하는 집'이란 교회가 "만민이 와서 기도할 수 있는 곳"이자 "만민을 위해 기도하는 곳"이 되어야 한다는 뜻입니다. 우리 주님은 이 땅의 모든 교회가 그렇게 되기를 원하십니다.

기도를 포기하는 교회?

그러나 현실은 그렇지가 않습니다. 사실 기도가 없는 교회는 없습니다. 비록 형식적인 기도라도 기도는 다 합니다. 그러나 주님이 원하시는 것은 종교적 요식 행위, 죽은 기도가 아니라 진짜 기도, 오직 기도만 하는 교회를 원하십니다.

1. 교회가 기도하지 못하는 이유는 기도의 가치를 모르기 때문이다

오늘날 우리가 기도를 외치지 않기 때문에 기도가 말라갑니다. 그런데 사람은 가치 있는 것에 눈뜨면 그곳에 투자하게 되어 있습니다. 자신의 우선순위에 마음과 시간과 물질을 내놓게 되어 있습니다. 틀림없습니다. 나는 안 되고, 나는 못하고, 하나님이 나에게는 은혜를 안 주신다고 하는 것은 천만의 말씀입니다. 진짜 해봤습니까? 자신의 전부를 걸고 거기에 투자해봤습니까? 정말 주님을 구하고, 믿음을 구하고, 은혜를 구해보십시오. 왜 안 주시겠습니까? 사람은 자신에게 가치 있는 것, 자신이 꿈꾸는 것에 자기 인생을 걸게 되어 있습니다. 반드시 그렇습니다.

그렇다면 교회는 어디에 우선순위를 두고 있습니까? 선한 일은 절에서도 많이 합니다. 불우이웃을 돕는 성당도 많습니다. 그러면 교회는 교회만 할 수 있고, 교회만 해야 하는 일, 교회가 하지 않으면 세상 어디서도 하지 않는 일을 해야 하지 않겠습니까? 그런데 교회가 그 가치를 모르고, 기도하는 일 대신 다른 일들에 몰두하다보니 갈수록 기도가 약해지고, 기도가 약해지니 나중에는 아예 기도를 못하게 됩니다. 인간은 무서울 정도도 금세 면역이 생깁니다. 나쁜 것도 예외가 없습니다. 새벽기도를 잘하다가 일주일만 쉬어도 새벽기도에 다시 나오기가 얼마나 어렵습니까.

2. 교회가 기도하지 못하는 이유는 기도의 동력을 상실했기 때문이다

성도라면 모두 기도를 해야 한다는 당위성과 필요성을 잘 알고 있습니다. 문제는 힘이 없다는 것입니다. 차가 달리고 싶어도 기름이 없습니다. 앗수르의 군대가 예루살렘을 치러 왔습니다. 앗수르 왕 산헤립의 신하 랍사게가 대놓고 유다 방언으로 하나님과 히스기야 왕을 비방합니다. 그런데도 나라가 힘이 없어 전혀 저항하지 못하는 신세를 가리켜 히스기야 왕이 이렇게 탄식합니다.

> 그들이 이사야에게 이르되 히스기야의 말씀에 오늘은 환난과 책벌과 능욕의 날이라 아이를 낳으려 하나 해산할 힘이 없음 같도다 사 37:3

하나님을 모욕하는 앗수르를 이기고 싶은 마음이야 굴뚝 같지만 힘이 없습니다. 해산할 힘이 없어 아이를 낳지 못합니다. 마찬가지로 기도하고 싶어도 기도할 힘이 없습니다. 기도해야 하는데 동역자가 없습니다. 예배당도 기도실도 텅 비어 있습니다.

3. 교회가 기도를 쉴 수 없다는 절박함과 간절함이 있어야 한다

성도 수가 늘고 재정이 늘고 평판이 좋아도 기도실이 줄어들고 기도하는 사람이 약해져 가고 있다면 반드시 교회에 위기가 오게 되어 있습니다. 교회가 외형이 커지고 부흥하면 기도의 사람이 더 늘어나고 기도의 시간도 더 늘어나야 하는데 상대적으로 제자리걸음을 하고 있다면 어딘가 문제가 생긴 것입니다. 율곡 선생은 일본의 침략에 대비하여 군비를 늘리고 군대를 정비하여 십만의 군사를 길러야 한다는 십만양병설을 주장했습니다. 그러나 현실에서 이 십만양병설이 받아들여지지 않았습니다. 그것은 치열한 당쟁 때문이었습니다.

교회도 얼마든지 그럴 수 있습니다. 문제를 문제로 볼 수 있고, 위기를 위기로 볼 수 있는 눈이 중요합니다. 지금 우리 교회만 안전하다고 안전한 것이 아닙니다. 한국 기독교가 무너지면 살아남을 교회가 없고, 우리도 죽는 것입니다. 그러니 어떤 경우에도 교회가 기도를 포기해서는 안 된다는 절박함과 간절함의 눈이 떠져야 합니다. 우리는 시간이 나니까 기도해야 되고, 시간이 없으니까 더 기도해야 되고, 좋으니까 기도해야 되고, 기쁘니까 기도해야 되고, 힘드니까 계속 기도해야 한다는 절박함과 애절함을 가져야 합니다.

교회가 기도를 포기하면 일어나는 일들

교회가 기도를 포기하면 생기는 무서운 일들이 있습니다.

1. 교회에서 부흥이 사라진다

사실 부흥은 우리가 원해서 오고, 우리가 바란다고 오는 것이 아니라 전적인 하나님의 강권으로 일어나는 초자연적인 역사입니다. 모든 부흥은 말씀과 기도로 시작되었습니다. 기도 없는 부흥은 가짜입니다. 또한 부흥에는 반드시 생명의 열매, 치유의 열매, 회복의 열매, 거룩의 열매가 이어집니다.

1907년 평양 대부흥 당시 길선주 장로는 "나는 아간과 같은 죄인이올시다"라는 말로 회개의 포문을 열었습니다. 자신의 친구가 죽으면서 재산을 잘 정리해달라고 맡긴 돈을 착복했다는 것입니다. 그는 성령께서 간섭하시자 견딜 수가 없어서 장대현교회의 수많은 회중들이 보는 앞에서 자신의 죄를 공개 자복했습니다. 한 사람이 죄를 회개하며 울기 시작하자 이후 하나둘 일어나 자신의 죄를 회개하기 시작한 것이 바로 부흥의 시작이었습니다.

우리 교회학교에서도 기도가 계속되고 있습니다. 교육부서마다 설교 후에 뜨겁게 기도합니다. 기도에 남녀노소가 없습니다. 청년들도 철야하며 기도합니다. 그러자 주변 아파트에서 시끄럽다고 민원이 들어왔습니다. 그래서 방음벽으로 막는 데 돈이 많이 들었습니다. 하지만 그런 돈은 아깝지가 않습니다. 그만한 가치가 있기 때문입니다. 그 방음벽으로 청년들이 밤새 기죽지 않고, 방해받지 않고, 큰소리로 기도할 수 있다면 두 겹, 세 겹도 쳐주어야 합니다.

아무것도 할 수 없을 때 기도부터 하면 됩니다. 기도하면 방법이 생깁니다. 답답하면 기도부터 하십시오. 강단에서 엎드려 기도하면 반드시 무슨 일이 생깁니다. 그것은 사는 일이요, 되는 일이요, 해결이 되고 응답을 받는 일입니다. 기도하면 길이 열립니다.

기도에 전부를 걸다

우리 교회는 개척 때부터 기도에 전부를 걸었습니다. 우리는 개척 때부터 철야기도를 포기하지 않았습니다. 저는 주일에 100명이 모일 때 철야에 50명만 나오는 것을 견디지 못했습니다. 목이 쉬도록 독려했고 합심해서 기도했습니다. 목회자인 저에게도 금요일마다 영적 공격이 심했습니다. 금요일 오후 4-5시쯤 되면 힘이 없고 맥이 탁 풀렸습니다. 철야기도를 이끌지 못하도록 실세적인 방해가 있을 때마다 그만큼 철야기도에 가치가 있기 때문에 마귀가 공격한다는 것을 직감했습니다.

그래서 8시부터 중보팀을 모아 기도회를 직접 인도했습니다. 인간적으로야 힘이 없고 맥이 풀리는데 8시에 중보기도를 하고, 9시에 철야기도를 인도한다는 것이 말이 안 됩니다. 그래도 안 되니까 금요일마다 금식했습니다. 그러자 회복이 되고 힘이 생겼습니다.

상가 교회 인테리어를 할 때에도 기도에 가장 우선순위를 두었기 때문에 사방으로, 그리고 천장까지 방음을 철저히 했습니다. 저희 교회가 그 층에 처음 들어왔는데, 장차 다른 상가가 입주할 경우 기도 소리 때문에 덕을 해치지 않도록, 밖으로 난 창까지 막고 햇빛도 포기해가며 언제든 자유롭게 통성으로 기도할 수 있도록 한 것입니다. 기도를 포기할 수 없었기 때문입니다.

그런데 그 후로 우리 교회 옆의 옆으로 독서실이 들어오게 되어 제가 가슴이 철렁했습니다. 일반 사무실로 쓰면 철야 때 비니까 걱정이 없는데, 독서실은 밤낮 없이 공부를 할 테니까 말입니다. 입주 전에 공사를 한다길래 제가 방음을 철저히 하도록 미리 당부했습니다. 우리 교회가 기도 소리 때문에 좀 시끄러우니, 미안하지만 그쪽에서 방음에 좀 더 신경을 써달라고 한 것입니다. 우리는 이미 더는 어떻게 할 수 없을 만큼 다 막아놓은 상태이니 이 일로 서로 얼굴 붉히는 일이 없기를 바라서 미리 이야기해두었습니다.

그런 다음 우리 교회는 원래 하던 대로 지금처럼 계속 부르짖어 기도했습니다. 그런데 처음에 괜찮다고 하던 독서실 주인이 입이 나오기 시작하더니 복도에서 담배를 피우며 왔다갔다 하고, 저를 봐도 인사를 하지 않았습니다. 그렇지만 뭐라고 말을 못합니다. 왜냐하면 제가 미리 이야기했기 때문입니다. 조금 미안했지만 우리도 살아야겠으니 어떡하겠습니까. 놀라운 것은 상가 교회 10년 동안 시끄럽다고 항의한 사람이 한 명도 없었다는 것입니다. 또 번호 키만 알면 누구든지 와서 기도할 수 있도록 24시간 교회를 열어놓았습니다. 저는 이것이 기적이자 하나님의 도우심이었다고 생각합니다.

우리는 기도해야 합니다. 겁먹을 필요가 없습니다. 기도한다고 욕을 한다면 욕을 먹어도 됩니다. 기도를 많이 한다고 시비 거는 것은 마귀가 하는 짓입니다. 교회가 기도한다고 방해하면 그 뒤에 반드시 마귀가 있는 것입니다. 왜냐하면 기도하면 부흥하고, 기도를 포기하면 교회에서 부흥의 불길이 사라지기 때문입니다.

2. 교회의 힘이 사라진다

삼손의 머리털이 없어진다고 육체의 힘이 사라지겠습니까? 사실 머리털과 힘은 아무 상관이 없습니다. 그러나 나실인인 삼손에게는 그렇지 않았습니다. 삼손은 장발이 그의 힘의 원천이었지만, 대머리로 알려진 엘리사 역시 대단한 능력의 사역자였습니다. 그러니까 하나님께서 삼손을 그렇게 지으신 것입니다.

마찬가지로 교회가 기도를 안 한다고 당장 무슨 문제가 있느냐고 할 수 있습니다. 교회가 건물이 있고, 성도가 많고, 재정도 넉넉한데 기도가 없다고 힘이 없겠느냐고 합니다. 네, 힘이 없습니다. 아무리 많이 모여도 기도가 없으면 교회는 힘이 없습니다. 100명 모이는 교회가 기도하는 것이 1만 명 모이는 잠자는 교회보다 훨씬 더 힘이 있습니다.

덩치가 하나도 소용이 없습니다. 교회가 기도하지 않으면 아무 힘이 없고 능력을 상실한 집단이 되어버립니다. 교회의 영적 능력이 사라지니까 자리 탓, 건물 탓, 사람 탓, 시대 탓을 하며 핑계만 찾는 것입니다. 교회가 기도할 때 힘이 있고, 감히 음부의 권세가 이기지 못하고, 세상에서 무시당하지 않습니다.

3. 교회가 사람 냄새 진동하는 세상의 기관과 다를 것이 없어진다

> 성전에 들어가사 장사하는 자들을 내쫓으시며 그들에게 이르시되 기록된 바 내 집은 기도하는 집이 되리라 하였거늘 너희는 강도의 소굴을 만들었도다 하시니라 눅 19:45-46

주님이 "내 집은 기도하는 집이 되리라" 칭함을 받아야 하거늘 모든 백성과 제사장들이 성전에서 강도짓을 벌이고 있다고 질타하십니다. 이스라엘 백성들은 1년에 세 차례 절기에 예루살렘 성전에 와서 하나님께 보이고 제사를 드렸습니다. 또 20세 이상 남자라면 성전을 유지하기 위한 성전세를 내야 합니다. 그런데 성전세를 거두면서 성전에서만 통용되는 돈을 따로 만들어 환전할 때 폭리를 취하는가 하면, 원래 제물은 율법에 흠 없는 제물이기만 하면 되는데도, 성전에서 파는 제물만 인정하는 식으로 비싸게 팔아 불로소득을 올렸습니다.

> 노끈으로 채찍을 만드사 양이나 소를 다 성전에서 내쫓으시고 돈 바꾸는 사람들의 돈을 쏟으시며 상을 엎으시고 비둘기 파는 사람들에게 이르시되 이것을 여기서 가져가라 내 아버지의 집으로 장사하는 집을 만

들지 말라 하시니 요 2:15-16

예수님께서 얼마나 화가 나셨는지 노끈으로 채찍을 만들어 동물들을 내쫓으시고, 돈을 쏟으시고, 상을 엎어버리셨습니다. 성전이 장사꾼의 소굴이 되어버렸기 때문입니다. 그런데 이것이 세상입니다. 교회가 건축을 하면서 불의를 저지르고, 교인이 교회를 통해 자기 이득을 취합니다. 교회가 기도하지 않으면 이렇게 교회 안으로 자꾸 세상의 문화가 들어옵니다. 교회가 기도하지 않으면 교회 안에 이기심, 높아지려는 마음, 섬기기보다 섬김을 받으려고 하고, 술수와 계략의 영이 활개치게 됩니다.

두루 다니며 한담하는 자는 남의 비밀을 누설하나니 입술을 벌린 자를 사귀지 말지니라 잠 20:19

이것은 만고(萬古)의 법칙입니다. 파당, 정략, 계략의 영에 사로잡힌 사람들은 기도하는 법이 없습니다. 그저 사람만 두루 만나 험담하고 다니면서 다른 사람의 영혼을 파멸의 길로 끌고 갑니다. 그러나 기도하는 사람은 절대 그런 일을 하지 못합니다.

4. 급기야 교회가 사라지고 만다

제 역할을 못하면 도태되고 마는 것처럼 기도하라고 교회를 세웠는데 교회가 기도하지 않으면 하나님이 보시기에 그런 교회가 무슨 필요가 있습니까? 교회의 주인 되신 하나님은 분명히 기도해야 한다고 계속 경고하셨을 것입니다. 그런데도 교회가 기도하지 않아서 하나님 앞에 쓸모가 없어지면 찾는 자가 없고, 기도 소리가 없고, 인간 냄새만 진동하게 되어 결국 주님이 그 촛대를 옮기십니다. 촛대가 옮겨지면 더 이상 교회가 아닙니다. 처음 사랑을 잃어버리고, 복음의 열정도 없고, 형식만 남았다면 그것은 죽은 것입니다.

살아 있는 교회는 기도하는 교회다

살아 있는 교회는 기도하는 교회입니다. 잠자는 큰 교회보다 깨어 있는 작은 교회가 나중에 하나님 앞에 갔을 때 하나님께 칭찬을 받을 것입니다. 왜냐하면 그것이 살아 있는 교회이기 때문입니다.

우리가 그런 교회가 되기 위해서는 일단 기도부터 해야 합니다. 기도하면 불이 임하고, 불이 임하면 사람들이 모이고, 사람들이 모이면 더 강력한 기도의 군대가 되어 더 큰 불이 임하고, 부흥이 임하게 됩니다. 이런 선순환의 고리를 만들어야 합니다. 그 첫 시작은 두세 사람이든, 120명이든 2,3천 명이든, 일단 기도를 시작해서 몇 날 며칠이든지 불이 임할 때까지 기도하는 것입니다. 불이 있는 곳에 사람들이 모여 더 많은 기도를 드리고, 더 강력한 기도가 올라가고, 더 많은 기도의 기름부음이 있기를 주님의 이름으로 축원합니다.

여러분, 기도는 특권입니다. 기도는 짐이 아닙니다. 기도는 힘든 일이 아닙니다. 기도는 만능입니다. 기도는 능력입니다. 기도하면 지옥의 문이 잠깁니다. 기도하면 천국의 문이 열립니다. 기도하면 하늘에서 불이 임합니다. 기도하면 하늘에서 능력이 임합니다. 기도 외에는 이런 유가 나갈 수 없다고 했는데, 반대로 기도하면 반드시 무슨 일이 일어납니다.

기도의 능력을 받아 우리 주님이 오시는 그 날까지 깨어 기도하는 교회가 되기를 바랍니다. 대한민국의 모든 교회가 기도하는 교회가 되기를 바랍니다. 큰 교회든 작은 교회든, 도시에 있는 교회든 농촌에 있는 교회든, 모든 교회에 기도의 불길이 일어나기를 바랍니다. "내 집은 만민이 기도하는 집이라 칭함을 받으리라고"(막 11:17) 하신 것처럼 만민을 위해서 기도하십시오. 기도에 길이 있습니다. 기도에 승리가 있습니다. 기도만은 포기하지 말고 기도하는 교회가 되게 해달라고 생명 걸고 기도하시기 바랍니다.

3

PART

기도 가치

너

는

부

르

짖

으

라

09

예수님의 기도

마태복음 26:36-46

예수님은 끊임없이 우리에게 기도하라고 하셨습니다. 물론 시간으로 따지면 인류 역사상 손에 꼽을 만큼 기도를 많이 한 사람이 있었을 것입니다. 하지만 예수님만큼 처절한 기도를 한 분은 많지 않습니다. 그런데 예수님이 과연 무슨 기도를 하셨느냐 하는 궁금증보다 우리를 더 궁금하게 만드는 것은 예수님마저도 기도하셔야만 했는가 하는 것입니다.

우리가 흔히 기도는 무언가 부족한 존재가 어떤 것을 구할 때 하는 것이라고 생각할 수 있습니다. 그렇기 때문에 예수님은 사실 이 땅에 사시는 동안 기도하실 필요가 없는 것처럼 보입니다. 기도는 병들고, 힘들고, 약한 사람, 문제가 생겼을 때, 무언가 결정해야 할 때 실수하지 않기 위해서, 뭔가 답답한 일을 만났을 때 한다고 생각합니다. 그러면 예수님은 왜 기도하셨느냐는 것입니다.

우리는 해결할 수 없기 때문에 기도하지만 예수님은 기도하는 대신에 직접 해결하시면 됩니다. 풍랑이 일면 잠잠하게 해버리면 되고, 바다가 앞을 가로막으면 바다를 가르시면 되고, 마귀가 역사하면 물리치면 되는데, 주님은 우리와 다르신데 왜 기도하셨을까요? 우리 주님은 기도하실 뿐만 아니라 심지어 겟세마네 동산에서 기도하시기 직전에 고민하고 슬퍼하셨습니다. 제자들과 동행해야 하실 만큼 외롭고 두려우셨을지도 모릅니다.

베드로와 세베대의 두 아들을 데리고 가실새 고민하고 슬퍼하사 마 26:37

주님이 고민하고 슬퍼하셨다니 어울립니까? 그런데 이유가 있습니다.

그는 육체에 계실 때에 자기를 죽음에서 능히 구원하실 이에게 심한 통곡과 눈물로 간구와 소원을 올렸고 그의 경건하심으로 말미암아 들으심을 얻었느니라 히 5:7

이것은 히브리서 기자가 예수님께서 겟세마네 동산에서 처절하게 기도하시는 장면을 한 절로 요약한 말씀입니다. 육체를 가지신 예수님은 피곤하고, 고민하고, 슬퍼하고, 아파하셨습니다. 예수님도 피곤하면 주무셨고, 예수님도 밥을 굶으면 배고프셨습니다. 그래서 마귀의 시험을 받으러 광야로 가서 금식하셨을 때 그것은 우리와 똑같은 금식이었습니다.

사십 일을 밤낮으로 금식하신 후에 주리신지라 마 4:2

예수님의 십자가는 예수님께서 우리가 십자가에 달린 것과 똑같은 고통을 느낀 사건이었습니다. 예수님은 인간이 아니셨으니까 우리가 찔리고 상하고 아픈 정도는 아닐 거라고 하는 것은 영지주의 이단입니다.

육체를 가진 모든 사람에게 기도가 필요하다

주님은 이 세상에 사시는 동안 육체 가운데 계셨기 때문에 우리와 똑같이 십자가에서 고통을 당하셨습니다. 이렇게 육체를 가지신 주님도 기도하셨다면 육체 덩어리인 우리는 얼마나 더 기도해야 하겠습니까? 기도하지 않아도 되는 능력을 가진 사람은 이 땅에 한 사람도 없습니다.

그런데도 누군가 기도를 무시하는 그리스도인이 있다면 그가 얼마나 교만한 사람이겠습니까? 평안하기 때문에 기도할 필요가 없다, 형통하니까 기도할 필요가 없다, 누군가 나를 위해 기도해주는 사람이 있으니까 기도할 필요가 없다, 혹은 지난날 기도를 많이 쌓아두었기 때문에 기도하지 않아도 된다는 생각이 얼마나 잘못된 생각입니까? 우리가 육체를 떠났다면, 우리가 천국 가면 기도할 필요가 없습니다. 천국에 가면 찬양만 남고 천국에 가면 예배만 드립니다. 군대를 제대하면 더 이상 군복을 입지 않는 것처럼 천국에서는 더 이상 기도가 필요없습니다.

> 너희 중에 고난당하는 자가 있느냐 그는 기도할 것이요 즐거워하는 자가 있느냐 그는 찬송할지니라 약 5:13

야고보 사도는 고난당하는 자는 기도하고 즐거워하는 자는 찬송하라고 했습니다. 이때 찬송도 곡조를 붙인 기도입니다. 결국 우리는 고난이 와도 기도하고, 즐거워도 기도하고, 강한 자도 기도하고, 약한 자도 기도하고, 높은 자도 기도하고, 낮은 자도 기도하고, 지금도 기도하고, 내일도 기도해야 합니다. 이 땅에 있는 동안에는 쉼 없이 기도해야 합니다.

한시도 기도하지 않고는 승리할 수 없습니다. 기도하지 않으면 온전할 수 없기 때문에 기도는 모든 사람에게 필요합니다. 언제까지 그렇습니까? 우리가 이 육체의 장막을 벗을 때까지 그렇습니다. 예수님도 육체에 계실 때 기도해야만 승리할 수 있었는데, 우리가 감히 기도하지 않고 마귀를 이길 수 있고, 기도하지 않고 세상을 이길 수 있고, 기도하지 않고 내 힘으로 살아갈 수 있다고 착각하는 것은 얼마나 엄청난 교만이요 만용입니까? 이보다 더한 불신앙은 없습니다.

여기서 우리는 기도의 중요한 비밀을 알 수 있습니다. 기도는 없어서 구하는 정도의 수준이 아니라는 것입니다. 그것을 뛰어넘는 뭔가 엄청난 비밀과 능력이 있는 것입니다. 예수님도 뭔가 아쉬워서, 뭔가 부족해서, 뭔가 없어서 하나님께 무엇을 달라고 기도하신 것이 아닙니다. 예수님은 이 세상에 사는 동안 바로 육체에 계셨기 때문에 기도하셨습니다. 그것은 다시 말해 기도는 우리의 본질이라는 것입니다.

기도는 우리의 수단이 아닙니다. 우리가 목회를 잘하기 위해서 기도하고, 설교를 잘하기 위해서 기도하고, 병이 낫기를 위해서 기도하고, 문제가 해결되기를 위해서 기도하는 것은 온전한 믿음의 생각이 아닙니다. 우리는 예수님을 본받아서 어떤 경우에도 기도하는 것입니다. 응당 어떤 환경과 어떤 상황에서도, 어떤 사람이라도 기도해야 합니다.

육체는 기도를 방해한다

시험에 들지 않게 깨어 기도하라 마음에는 원이로되 육신이 약하도다

하시고 마 26:41

우리의 육체는 양면성을 가집니다. 우리는 육체를 가졌기 때문에 기도해야 합니다. 그런데 육체 때문에 기도에 방해를 받습니다. 반대로 우리가 영으로만 존재한다면 기도를 안 해도 된다는 말입니다. 왜냐하면 우리가 영이라면 마귀가 공격할 수 없기 때문입니다. 우리가 영이라면 무슨 죄를 짓겠습니까. 도둑질을 시킬 수도 없고, 정욕에 빠트릴 수도 없습니다. 그러나 우리가 육체를 가져서 시험에 들기 때문에 단 하루도 기도하지 않으면 온전히 살 수 없는 구조 가운데 있는 것입니다.

따라서 우리가 육체가 있기 때문에 기도합니다만, 이 육체 덩어리는 절대로 기도에 호의적이지 않습니다. 전 세계 모든 그리스도인뿐 아니라 믿지 않는 자들이라도 기도하기 시작한다면, 육체가 영을 방해할 것입니다. 이 육체 덩어리는 세상에 취해 삽니다. 그래서 육체를 누리는 일은 36시간씩 해도 하나도 지겹지가 않은데, 기도는 30분만 해도 견디지 못합니다. 육체는 영에 전혀 도움이 되지 않습니다.

이처럼 육체와 영은 상극입니다. 그래서 예수님도 편하게 기도하시지 않았습니다. 예수님의 기도는 엄청난 방해를 받으셨습니다. 심히 피곤하고, 슬퍼하고, 고민하고, 더욱이 스트레스가 극에 달했을 것입니다. 예수님은 종려주일에 예루살렘에 입성하셔서 성전을 깨끗이 하시고, 제자들을 가르치시고, 최후의 만찬을 가진 다음 목요일 저녁에 겟세마네 동산에서 기도하셨습니다. 특히 스트레스가 극에 달한 것은 주님이 앞으로 되어질 일들을 다 아셨기 때문입니다. 자신이 그 밤에 잡히시고, 재판을 받으시고, 채찍에 맞으시고, 홀로 십자가를 지고 골고다에 오르실 것을 아셨습니다. 주님이 스스로 표현하시기를 "내 마음이 심히 고민하여 죽게 되었으니"(막 14:34)라고 하셨습니다.

그런 와중에 기도하셨기 때문에 육체를 가지신 주님도 특별한 도움을 얻어서 기도하셨습니다. 누가는 겟세마네 기도의 장면을 세밀히 기록하고 있습니다.

> 천사가 하늘로부터 예수께 나타나 힘을 더하더라 예수께서 힘쓰고 애써 더욱 간절히 기도하시니 땀이 땅에 떨어지는 핏방울 같이 되더라
>
> 눅 22:43-44

주님이 기도하실 때 천사가 도와주었으며, 주님은 육체의 연약함과 피곤함을 이기고 더욱더 기도에 힘쓰셔서 땀이 핏방울같이 되어 땅에 떨어졌다는 것입니다. 학자들에 의하면 이것은 기도에 힘쓰셨다는 비유적 표현이라기보다 실제로 눈이나 머릿속에 있는 모세혈관이 터져서 땀을 쏟을 때 피가 섞여 나온 것이라고 합니다.

우리가 과연 어느 정도로 중노동을 해야 몸에 있는 실핏줄이 터

져서 땀에 피가 섞여 나올까요? 우리가 평생 기도하면서 언제 땀이라도 흘려봤습니까? 죄짓느라 땀 흘리고, 일하느라고 땀 흘리고, 돈 버느라 땀을 흘려봤지만 예수님처럼 기도하면서 땀을 흘려봤느냐는 말입니다. 그러니 우리가 기도하다가 땀 한 방울 흘리지 않고 하나님 앞에 간다면 얼마나 부끄러운 일입니까. 우리는 과연 어떤 기도를 하나님께 드리고 있습니까?

예수님이 세 번이나 드린 기도

예수님은 동일한 기도를 세 번이나 하셨습니다.

조금 나아가사 얼굴을 땅에 대시고 엎드려 기도하여 이르시되 내 아버지여 만일 할 만하시거든 이 잔을 내게서 지나가게 하옵소서 그러나 나의 원대로 마시옵고 아버지의 원대로 하옵소서 하시고 마 26:39

다시 두 번째 나아가 기도하여 이르시되 내 아버지여 만일 내가 마시지 않고는 이 잔이 내게서 지나갈 수 없거든 아버지의 원대로 되기를 원하나이다 하시고 마 26:42

또 그들을 두시고 나아가 세 번째 같은 말씀으로 기도하신 후 마 26:44

1. 할 수만 있다면 이 잔을 내가 마시지 않고 지나가게 하소서

예수님은 이 잔을 내게서 지나가게 해달라고 기도하셨습니다. 그런데 주님은 이 잔을 고난의 잔, 즉 '십자가의 죽음'으로 이미 암시하신 적이 있었습니다.

> 예수께서 이르시되 무엇을 원하느냐 이르되 나의 이 두 아들을 주의 나라에서 하나는 주의 우편에, 하나는 주의 좌편에 앉게 명하소서 예수께서 대답하여 이르시되 너희는 너희가 구하는 것을 알지 못하는도다 내가 마시려는 잔을 너희가 마실 수 있느냐 그들이 말하되 할 수 있나이다
> 마 20:21-22

세베대의 아들의 모친은 예수님께 주의 나라가 임할 때 자신의 두 아들을 그 나라에서 좌우편에 앉게 해달라고 청탁했습니다. 그 어머니가 기대한 것은 예수님의 능력으로 로마에서 해방시키고 임할 주님의 나라, 곧 지상 왕국이었습니다. 주님은 어이가 없지만 말해도 꾸짖어도 알아듣지 못하기 때문에 오히려 "내가 마시려는 잔을 너희가 마실 수 있느냐"라고 물으셨습니다. 주의 나라의 보좌에 앉기 위해서 어떤 희생을 치러야 하는지 아느냐고 물으신 것입니다. 그러자 그들은 할 수 있다고 했습니다. 물론 그들은 이 잔이 어떤 잔인지 알고 마신다고 한 것이 아닙니다. 이 잔이 축배의 잔이 아니요, 죽음의 잔이라는 것을 알지 못하는 철없는 제자들은 아마 예수

님이 십자가에 죽으시고 성령을 받은 다음에야 그 잔이 어떤 잔이었는지 깨달았을 것입니다.

주님은 이 십자가의 고통을 아직 경험하지 않으셨지만 이미 아셨기 때문에, 육체가 이 고통을 본능적으로 거부하고 있었습니다. 그러나 이것은 예수님이 어쩔 수 없이 십자가를 지셨다는 의미가 아닙니다. 예수님이 당하실 십자가의 고통이 우리가 당하는 육체의 고통과 완전히 같다는 뜻입니다. 예수님이 십자가의 고통 앞에서 심히 두려워 떨었던 것은 주님의 신성(神性)이 훼손된다는 말이 아니라 우리를 위하여 당하신 고통이 그만큼 극심한 것이었다는 뜻이 됩니다. 예수님이 입으신 육체가 우리와 완전히 같았기 때문에 예수님의 십자가의 고통이 우리의 고통을 사해주시는 능력이 된 것입니다.

> 우리에게 있는 대제사장은 우리의 연약함을 동정하지 못하실 이가 아니요 모든 일에 우리와 똑같이 시험을 받으신 이로되 죄는 없으시니라
> 히 4:15

우리와 하나님 사이의 유일한 중보자이신 예수 그리스도, 구약의 대제사장은 예수님을 예표하는 것입니다. 그런데 그분은 우리의 연약함을 충분히 경험하셨고, 그래서 우리와 똑같이 아파하시고, 근심하시고, 속상해하시고, 힘들어하셨습니다. 그렇기 때문에 우리와 똑같이 시험을 받으셨습니다. 그렇다고 해서 그분이 우리와 같은

것은 아닙니다. 그분은 죄가 없으십니다. 예수님은 우리와 똑같이 시험을 받으셨지만 죄가 없는 하나님이셨습니다.

2. 내 육체의 소원대로 마시고 아버지 뜻대로 되기를 원하나이다

할 수만 있다면 이 죽음의 십자가를 피하고 싶다는 것이 육체의 본능적인 기도입니다. 그러나 주님은 뒤이어 이렇게 기도하셨습니다. 육체는 본능적으로 십자가의 고통을 밀어내고 있지만, 내가 이 땅에 온 것은 아버지의 뜻을 행하려고 온 것이니 아버지의 뜻대로 되기를 원한다고 기도한 것입니다. 예수님은 "아버지의 원대로 되기를 원하나이다"라고 세 번이나 기도하셨습니다. 이 말은 마지막 세 번까지 치열하게 싸우셨다는 말입니다. 그리고 마침내 승리하셨습니다.

> 이에 제자들에게 오사 이르시되 이제는 자고 쉬라 보라 때가 가까이 왔으니 인자가 죄인의 손에 팔리느니라 마 26:45

예수님은 이제 십자가를 지기로 결정하셨습니다. 예수님의 세 번의 기도의 결과는 십자가를 포기하거나 십자가를 파괴하는 것이 아니라, 아버지의 뜻에 따라 십자가에서 죽어 인류를 구원하고 사탄의 머리를 깨부수기로 하신 것입니다.

예수님의 기도는 응답받지 못했다

결과적으로 예수님은 이 간절한 세 번의 기도를 거절당하셨습니다. 하나님은 어떤 말씀도 하지 않으셨습니다. 예수님은 이 기도 직전까지 모든 기도에 응답을 받으셨고, 자신의 말을 들으신 것에 하나님께 감사했습니다. 그러나 이제부터 십자가에 달리실 때까지 하나님은 하늘의 문을 닫으셨습니다. 완전히 침묵하셨습니다. 그것은 아버지의 뜻이 분명히 정해져 있었기 때문입니다.

우리는 하나님의 뜻이 분명한데 그것을 바꾸기 위해 기도해서는 안 됩니다. 우리는 말씀을 거역하기 위해 기도해서는 안 됩니다. 그 기도는 성령을 거스르는 것입니다. 요셉이 보디발의 아내로부터 유혹을 받을 때 시험을 이기도록 기도한 것이 아닙니다. 그는 옷을 버리고 도망쳤습니다. 행동한 것입니다. 다니엘도 왕의 음식과 포도주 앞에서 기도한 것이 아니라 이미 뜻을 정했습니다.

"주일에 예배를 드려야 합니까?", "십일조를 반드시 드려야 합니까?", "복음을 꼭 전해야 하나요?" 주님의 뜻이 분명하고 이미 말씀으로 주신 것은 기도의 여지가 없습니다. 그러면 무엇을 위해 기도해야 합니까? 하나님의 뜻과 말씀을 지켜낼 힘을 얻기 위해서 기도해야 합니다. 예수님의 세 번의 기도는 십자가를 피하기 위한 것이 아니라 십자가를 질 수 있는 능력을 받기 위한 기도였습니다.

예수님의 겟세마네 기도의 교훈

그렇다면 예수님이 겟세마네 기도를 통해서 우리에게 교훈하시는 것은 무엇입니까?

1. 예수님도 힘쓰고 애써서 기도하셨다

기도는 그냥 되는 일이 아닙니다. 예수님도 육체에 계셨기 때문에 힘쓰고 애써서 기도하셨습니다. 그러니 우리도 힘쓰고 애써서 기도하는 것이 당연합니다. 기도는 힘쓰고 애쓰는 것이요, 기도는 전투하고 노동하는 것이요, 하나님께 드리는 최고 최상의 일이요, 거룩한 일입니다.

따라서 기도의 용사는 육체의 고통과 어려움을 감수하고 포기하지 않고 기도에 매진해야 합니다. 기도는 힘이 나서 하는 것이 아닙니다. 영적 침체에 빠져서, 시험에 들어서 기도가 안 된다는 것은 사치입니다. 기도가 된다는 사람도, 기도가 안 된다는 사람도 속으로 다 싸우고 있습니다. 기도가 안 되니까 기도하지 말자는 것은 하수(下手)입니다. 기도는 사탄과의 전쟁이기 때문에 힘쓰고 애써서 하는 것이 이상한 일이 아니며, 기도가 힘든 것은 당연한 일입니다. 나만 힘든 것이 아니라 이 땅에 육체를 가지고 있는 우리에게 원래 힘든 것입니다. 기도는 편하기만 바라는 내 육체에 대한 선전포고입니다.

일단 기도의 자리에 나오고, 일단 기도의 시간을 채우고, 일단 기도가 되든 안 되든 힘쓰고 애써서 엎드리다보면, 1년 365일을 기도했다면 그중에 하루는 기도가 뚫릴 날이 오고, 그 하루를 위해서라도 우리는 기도해야 하는 것입니다. '365일 중 364일을 헛되이 보냈으니 기도할 필요가 없다', '고작 하루 기도가 뚫리기를 바라고 교회에 가느냐' 그렇게 말해서는 안 됩니다. 첫날 산에 가서 산삼이 어떻게 생겼는지도 모르다가 산삼을 캘 확률보다 날마다 산에 오르는 심마니가 산삼을 캘 확률이 훨씬 높다는 것을 기억하십시오.

어떤 사람이 갑자기 철야에 참석해서 불을 받고 방언을 받아버렸습니다. 그런데 누구는 3년을 좇아다녀도 방언을 못합니다. 물론 첫날에 성령 받고 불 받은 사람이 행운이기도 하지만, 3년을 힘쓰고 애써 기도의 자리를 지키건만 방언이 터지지 않아 하나님 앞에 가슴이 저리게 기도하는 그 믿음이 헛된 믿음이겠습니까? 주님이 그 기도를 얼마나 기뻐하시겠습니까? 항상 기도하고 낙심하지 마시기를 바랍니다(눅 18:1).

2. 어떤 기도도 하나님의 뜻을 거슬러서 할 수 없다

어떤 기도도 하나님 아버지의 뜻에 거스르는 기도는 드릴 수 없습니다. 주님이 피 흘리시기까지 기도하셨지만, 주님은 십자가를 내려놓기를 원하지 않으셨습니다. 진정한 기도의 결과물은 어떤 일이 우리의 뜻대로 진행되는 것이 아니라 주님의 뜻이 우리를 통해서 나타나는 것입니다. 그것이 가장 완전한 응답입니다.

주님도 "나라가 임하시오며 뜻이 하늘에서 이루어진 것같이 땅에서도 이루어지이다"(마 6:10)라고 기도하라고 가르치셨습니다. 이미 하늘에서 성취된 하나님의 뜻이 우리의 기도를 통해서 이 땅에서도 이루어지기를 원하시는 것이 아버지의 뜻입니다. 그러므로 기도는 하나님의 뜻을 찾는 시간입니다. 아버지의 뜻은 이미 정해져 있습니다. 아버지의 온전하신 뜻, 오류가 없고 실수도 없는 아버지의 뜻이 이 땅에 이루어지도록 기도하는 것입니다.

특전사는 유사시에 적의 후방에 낙하산을 타고 침투합니다. 목적은 자신의 영광이나 안위나 생존이 아닙니다. 적에게 타격을 입혀서 전투의 지형을 바꾸는 것입니다. 그렇게 할 수 있도록 작전 수행에 목숨을 거는 것이 마땅한 군인의 자세입니다. 낙하산으로 침투할 때부터 땅에 닿기도 전에 이미 총에 맞아 죽는 사람이 수두룩합니다. 그들에게는 살고 죽는 것이 중요하지 않습니다. 임무를 수행하고 임무를 완성하는 것이 최고의 가치이기 때문에 임무를 수행하지 못한다면 살아도 의미가 없고, 계획이 이루어질 수만 있다면 죽어도 괜찮습니다.

"살아도 주를 위하여 살고, 죽어도 주를 위하여 죽자", "이 땅에 나의 뜻이 나타나는 것이 아니라 하나님의 뜻이 이 땅에 이루어지는 것이 우리의 소원이다" 우리도 이 각오를 가지고 어떤 희생이나 고통을 감내하더라도 아버지의 뜻이 이 땅에서 이루어지도록 기도해야 합니다.

최고의 응답은 하나님의 뜻이 우리를 통해 이 땅에 나타나는 것입니다. 결과적으로 예수님은 응답을 받으셨습니다. "이 잔을 지나가게 하옵소서. 그러나 나의 원대로 마시옵고 아버지의 원대로 되기를 원하나이다." 맞습니다. 아버지의 뜻대로 되었기 때문입니다. 그러므로 예수님의 기도는 가장 완벽한 응답을 받은 것입니다.

3. 기도는 고난을 피하지 않게 하고 이기게 한다

기도는 때때로 우리를 고난에서 피하지 않게 하고 고난을 이기게 합니다. 적은 피하면 계속 쫓아옵니다. 피하기만 해서는 답이 없습니다. 적은 피하는 것이 아니라 이기는 것이 상수(上手)입니다.

불의의 사고로 전신마비 진단을 받은 박위 형제는 이미 고난을 극복하고 많은 사람들에게 희망을 주었다고 칭찬을 받습니다. 그런데 그는 자신의 책에서 이런 고백을 했습니다. "저는 고난을 극복하지 않았어요. 고난 속에서 기쁨을 찾아 행복을 느끼는 중입니다." 하나님이 원하시면 박위 형제를 일으키실 수 있습니다. 그렇지만 하나님은 그를 일으키는 대신 그 상황을 이길 수 있도록 인도하십니다. 그는 사지가 멀쩡한 사람이 하지 못하는 일을 자신의 십자가를 홀로 지고 감당하고 있습니다. 하나님께서 그를 그렇게 쓰시는 중입니다.

모퉁이돌선교회 이삭 목사님의 간증 중에 중국에서 북한의 탈북자 그룹을 만나 만반의 준비를 하고, 이제 정말 떠나야 할 구체적인 계획을 짜야 할 때가 되었을 때 그중에 한 분이 마지막으로 하나님께 물어봐야 한다고 한참을 기도하셨다고 합니다. 그러더니 단호하게 하나님께서 가지 말고 다시 들어가라고 하신다고 해서 너무 놀라 만류했지만 결국 되돌아갔다고 합니다.

하나님께 기도한 분의 말씀이 하나님께서 "내가 능력이 없어서 너희들을 북한 땅에 둔 것이 아니다. 내가 힘이 없어서 너희들을 그런 비참한 상황 가운데 두고 있는 것이 아니다. 그중에서도 내가 할 일이 있다" 이렇게 말씀하셨다고 전하면서 돌아갔다는 것입니다. 그 후로 들려온 소식은 그들이 모두 북한에서 비참하게 죽었으리라는 것뿐입니다. 하나님이 힘이 없어서, 하나님이 무능해서, 하나님이 눈이 가려서 그들을 그대로 두고 계신 것이 아닙니다. 우리가 하나님의 뜻과 능력을 우리 안에 가둘 수 있습니까? 하나님은 우리가 마음대로 해석할 수 없는 분이십니다. 하나님은 하나님이십니다.

우리가 남북의 통일을 위해 지금까지 기도했습니다. 그러면 그것은 언젠가 하나님께서 통일을 이루어주신다는 뜻입니다. 앞으로 언제가 될지 모르지만 통일은 반드시 되게 됩니다. 왜냐하면 기도했기 때문입니다. 물론 우리가 기도해서 그 응답으로 통일이 되는 것도 맞지만, 성경적 관점으로 해석해본다면 하나님께서 통일을 시키고자 기도의 중보자들로 하여금 통일을 위해 기도하게 하신 것입니다.

하나님의 뜻을 이루는 예수님의 기도

예수님의 기도는 고민하고 슬퍼서 힘쓰고 애쓰는 간절한 기도였습니다. 예수님의 기도는 하나님의 뜻을 성취하는 기도였습니다. 예수님의 기도는 하나님의 뜻을 거스르는 당신 자신의 욕심을 채우는 기도가 아니라 어떤 고난과 상황 가운데서도 오히려 하나님이 주신 힘으로 말미암아 고난을 이기는 기도였습니다. 예수님의 기도는 고난을 이기거나 고난을 짊어질 수 있는 힘이 생겨서 하나님의 뜻을 이루는 기도였습니다. 우리에게도 예수님의 기도와 같은 응답의 역사가 반드시 있을 것입니다.

> 사람이 감당할 시험밖에는 너희가 당한 것이 없나니 오직 하나님은 미쁘사 너희가 감당하지 못할 시험 당함을 허락하지 아니하시고 시험 당할 즈음에 또한 피할 길을 내사 너희로 능히 감당하게 하시느니라
>
> 고전 10:13

우리가 몰라서 그렇지 주님은 감당할 수 없는 시험을 주신 적이 없고, 힘을 주시고 시험을 주십니다. 하나님께서 우리에게 어떤 일을 주실 때는 이미 그 일을 감당할 수 있는 응답과 능력과 은혜를 주셨다는 믿음의 눈을 떠서 오늘도 힘 있게 기도하시기 바랍니다. 예수님의 기도를 본받아 그분처럼 하나님 앞에 땀 흘리고 피 흘려 기도하는 겟세마네 기도의 승리자가 되시기를 간절히 바랍니다.

10

기도는 영원하다

시편 126:5–6

사실 기도하는 일은 표가 잘 나지 않습니다. 그러나 기도하는 일이 이 세상 그 어떤 일보다 중요합니다. 우리가 어떤 일을 결정하는 것은 기도 때문에 결정된다는 것을 기억하시기 바랍니다. 앞이 막막할 때 무엇을 해야 할지, 누구를 만나야 할지, 어디로 가야 할지 모를 때 우리는 가장 먼저 기도부터 해야 합니다. 그러면 길이 생기고, 문이 열리고, 홍해가 갈라지고, 하늘에서 불이 내리고, 하늘에서 비가 내리고, 재앙이 그치고, 사람의 마음이 움직이고, 사자들의 입이 봉해지고, 땅이 움직이고 옥문이 열리는 역사가 일어납니다. 그러므로 처음에도 기도요, 마지막도 기도요, 고난이 와도 기도요, 기막히게 좋아도 기도요, 젊어서도 기도요, 늙어서도 기도입니다.

이 세상에 영원한 것이 있겠습니까? 생각해보니까 이 세상에는 영원한 것이 없습니다. 헛되고 헛되며 모든 것이 헛되지, 영원하지 않습니다. 인간의 능력, 아름다움, 선함, 권세, 젊음, 건강이 다 끝이 납니다. 영원하다는 것은 변하지 않으며, 그 가치가 영원하고, 모두에게 반드시 필요한 것입니다.

이 세상에 영원한 것

1. 말씀이 영원하다

풀은 마르고 꽃은 시드나 우리 하나님의 말씀은 영원히 서리라 하라

사 40:8

우리 하나님의 말씀은 영원합니다. 성경은 1600년 동안 쓰여졌습니다. 그리고 무려 6천 년의 역사 이야기가 기록되어 있습니다. 그런데도 이질감이 들거나 유행에 뒤떨어진다고 느껴지지 않고, 오늘날에도 그 말씀의 위력이 여전합니다. 마치 어느 날 하늘에서 책 한 권이 뚝 떨어진 것 같습니다. 창세기를 읽거나 요한계시록을 읽거나, 구약의 율법서를 읽거나 사복음서를 읽거나 그 맥락이 어찌 그리 같은지 통일된 책이라는 것을 느낄 수가 있습니다.

성경은 읽을수록 새로운 책이며, 읽을수록 탄복하게 되는 책입니다. 그래서 말씀은 영원합니다. 예를 들어보면 오늘날 '인권'에 대해

많은 말들이 있지만, 성경에서는 이미 인권을 이야기한 지가 아주 오래되었습니다. 천부인권을 비롯해서 연약한 여인, 힘없는 노동자와 나그네에 대한 배려가 명확히 기록되어 있습니다. 출애굽기, 레위기, 신명기에 나오는 모세의 율법을 보면 종에 대한 이야기, 여인의 출산에 대한 이야기, 재판에 대한 이야기, 도덕과 윤리에 대한 이야기가 얼마나 뛰어난지 모릅니다. 그래서 모름지기 성경은 진리인 것입니다. 성경은 더하거나 뺄 수 없는 완벽한 말씀입니다.

> 너는 네 이웃을 억압하지 말며 착취하지 말며 품꾼의 삯을 아침까지 밤새도록 네게 두지 말며 너는 귀먹은 자를 저주하지 말며 맹인 앞에 장애물을 놓지 말고 네 하나님을 경외하라 나는 여호와이니라 너희는 재판할 때에 불의를 행하지 말며 가난한 자의 편을 들지 말며 세력 있는 자라고 두둔하지 말고 공의로 사람을 재판할지며 레 19:13-15

성경에는 그 옛날 노동자의 하루 임금을 그날에 해결하도록 명시하고 있습니다. 이것은 오늘날에도 지키지 못하는 기업들이 수두룩합니다. 하청 업체와 노동자들의 임금을 체불하거나 착취하여 자기 배를 불리는 회사가 지금도 얼마나 많습니까. 오늘날의 현실에서 가난한 자들은 불의한 재판을 받고, 세력 있는 자들은 법망을 피해 요리조리 빠져나갑니다. 그러나 성경은 그렇다고 가난한 자를 두둔하거나 세력 있는 자를 편들지 말고 오로지 공의로 재판할 것을 강조합니다.

우리나라에서 불과 4-50년 전만 해도 남아선호 사상이 하늘을 찔렀습니다. 전통적으로 시집 온 여자는 반드시 아들을 낳아야만 한다는 법도까지 있었습니다. 마찬가지로 고대 농경사회에서 남자는 재산입니다. 농사를 지어야 하고, 가축을 길러야 하고, 전쟁이 나면 나가서 싸워야 하기 때문에 거의 모든 나라에서 여아보다 남아를 선호하고 남자를 월등한 존재로 인식할 수밖에 없었습니다.

그런데 레위기 12장에 아이를 낳은 여인에 대한 규례에 따르면, 여인이 임신하여 남자를 낳으면 40일을 부정하니 그 기한이 끝날 때까지 성물을 만지지도 말고 성소에 들어가지도 말라고 합니다. 또 여인이 임신하여 여자를 낳으면 배나 더 부정하게 취급하여 80일 동안 줄곧 집안에 머물러 있어야 한다고 합니다. 언뜻 보면 마치 남자를 낳은 여인과 여자를 낳은 여인을 차별하는 것처럼 보입니다. 그러나 여기에는 하나님의 세밀한 배려가 담겨 있습니다.

이것은 출산한 여인의 건강을 지켜주기 위해서 남자를 낳으면 합법적으로 40일 동안 몸을 풀도록 하고, 여자를 낳으면 합법적으로 80일간 몸을 추스를 수 있도록 해주신 것입니다. 더욱이 그 당시 여자를 낳으면 얼마나 서럽고 무시를 당하겠습니까. 그러니까 배나 부정하다는 말로 몸이 정결해지도록 하는 기간을 또한 배나 갖도록 위로하신 것입니다. 그런데 우리나라는 어떻습니까? 목숨을 걸고 애를 낳고 그다음 날 퉁퉁 부은 채 밭에 나가 일하고, 손수 미역

국을 끓여먹던 시절이 있었습니다. 지금도 성경만큼 지키지 못하는 일이 흔합니다.

그만큼 성경은 앞서가는 책입니다. 우리 주님이 다시 오실 때까지, 이 세상이 끝날 그날까지 성경은 우리에게 날마다 새로운 영적 지식을 가져다줄 것입니다. 그래서 성경을 읽는 사람은 변화됩니다. 성경을 읽는 사람에게는 하나님 앞에 온전한 인격으로 변화되는 역사가 일어납니다. 성경의 말씀은 영원하기 때문입니다.

2. 하나님은 영원한 분이시다

그 말씀을 주신 하나님이 영원하신 분입니다. 알파와 오메가이시고, 완전하시며 오류가 없으시고, 실수가 없으시고, 후회하는 일이 없으시고, 모르는 것이 없으신 전지전능하신 하나님입니다. 단지 우리는 그분의 깊은 계획을 알지 못하기 때문에 의문점이 많은 것뿐입니다.

하나님은 모든 것이 합력하여 선을 이루도록 하시는 분입니다. 1천 명이 모였는데 1명만 의견이 달라도 인간은 그것을 절대 해결하지 못합니다. 민주주의가 완전하거나 다수결이 다 옳은 것이 아닙니다. 이것이 한계입니다. 한 사람만 반대해도 그 사람을 죽여야 하고, 그 사람을 내몰아야 하고, 그 사람의 의견을 묵살해야 하는 것이 인간의 법칙인데 반해, 하나님께서는 모든 것을 다 들어주시고, 때에 맞게 응답해주십니다. 하나님의 능력에는 한계가 없기 때문입니다.

열왕기하 6장에는 아람 군대에 의해 포위된 사마리아 성의 비참한 상황이 잘 묘사되어 있습니다. 온 성이 굶주려서 급기야 서로 자식을 잡아먹는 지경이 되었습니다. 그러나 하나님께서는 엘리사를 통하여 다음과 같이 분명히 말씀하셨습니다.

> 엘리사가 이르되 여호와의 말씀을 들을지어다 여호와께서 이르시되 내일 이맘때에 사마리아 성문에서 고운 밀가루 한 스아를 한 세겔로 매매하고 보리 두 스아를 한 세겔로 매매하리라 하셨느니라 그 때에 왕이 그의 손에 의지하는 자 곧 한 장관이 하나님의 사람에게 대답하여 이르되 여호와께서 하늘에 창을 내신들 어찌 이런 일이 있으리요 하더라 엘리사가 이르되 네가 네 눈으로 보리라 그러나 그것을 먹지는 못하리라 하니라 왕하 7:1-2

열왕기하 7장에서는 엘리사가 백성들에게 내일 이맘때 사마리아 성에서 밀가루 한 스아를 한 세겔로 매매하고, 보리 두 스아를 한 세겔로 매매하게 될 것이라고 선포합니다. 이것은 모든 것이 정상이 될 것이라는 의미입니다. 그러나 한 장관이 그런 일이 일어날 리 없다고 하자 엘리사는 그가 그 일이 일어날 것을 볼 것이지만 먹지는 못한다고 말했습니다.

그러자 밤새 어떤 일이 일어납니까? 하나님께서 아람 군대의 귓

전에 병거 소리와 말 소리와 큰 군대의 소리를 듣게 하셔서 아람 군대가 모든 것을 버려둔 채 그대로 도망가버리는 일이 벌어졌고, 나병환자들이 이를 발견하고 그 소식을 성에 알려 백성들이 아람 진영을 노략할 때 밀가루 한 스아가 한 세겔이 되고, 보리 두 스아가 한 세겔이 되어 하나님이 말씀하신 것과 같이 되었습니다. 뿐만 아니라 그런 일이 일어날 리 없다고 한 장관이 성문에서 백성들에게 밟혀 죽게 되어 엘리사를 통해 하신 말씀 그대로 다 이루어지게 되었습니다. 하나님의 말씀 그대로 되어진 일들은 성경에 숱하게 있습니다. 성경에만 계신 하나님이 아니라 지금도 모든 것을 합력하여 선을 이루시는 분이 영원하신 우리 하나님입니다.

기도는 없어지지 않는다

말씀이 영원하고 하나님이 영원합니다. 그리고 우리의 기도가 영원합니다. 과학자들에 따르면 우리가 하는 말도 없어지지 않는다고 합니다. 우주에 쏘아 올린 전파도 없어지지 않고 온 우주에 떠돈다고 하는데 우리의 믿음의 기도가 없어지겠습니까? 땅에 떨어지겠습니까? 우리의 기도는 때가 되면 하나님이 반드시 들어주십니다.

> 눈물을 흘리며 씨를 뿌리는 자는 기쁨으로 거두리로다 울며 씨를 뿌리러 나가는 자는 반드시 기쁨으로 그 곡식 단을 가지고 돌아오리로다
>
> 시 126:5-6

울며 씨를 뿌린다는 것은 정말 절박한 상황입니다. 죽지 못해 사는 것입니다. 그러나 지혜로운 농부는 그대로 주저앉아 있지 않습니다. 울더라도 씨를 뿌려야 가을에 소출을 거둘 수 있기 때문입니다. 그렇듯이 울더라도 기도해야 합니다. 죽을 지경이라도 기도하면 그 기도가 절대로 없어지지 않고, 하나님께서 들으시고 때가 되고 뜻이 되어 역사하십니다.

예수님은 이 땅에 많은 말씀과 기도를 남기셨습니다. 그 말씀과 기도는 하나도 땅에 떨어지지 않고 성취되었으며, 성취되어 가고 있는 중입니다. 예수님은 인자가 많은 고난을 받고 장로들과 대제사장들과 서기관들에게 버린 바 되어 죽임을 당하고 사흘 만에 살아나야 할 것을 가르치신 대로 십자가에서 죽으시고, 사흘 만에 다시 살아나셨으며, 살아나신 후에 제자들보다 먼저 갈릴리로 가리라 하신 대로 그대로 되었고, 예루살렘을 떠나지 말고 아버지께서 약속하신 것을 기다리라 하시고 몇 날이 못 되어 성령으로 세례를 받으리라 하신 그대로 성령으로 오셨습니다. 마태복음 24장에서 우리 주님은 마지막 때에 전쟁과 기근과 지진이 있겠고, 불법이 성하여 사랑이 식어지고, 믿는 자들이 떠나가게 되는 각박한 세상이 올 것인데, 그때에 주께서 호령과 천사장의 소리와 하나님의 나팔 소리로 친히 하늘로부터 강림하신다고 약속하셨습니다.

예수님이 베드로에게 하신 말씀, 예수님의 예언들도 모두 성취되었습니다. 주님은 베드로에게 "나를 따라오라 내가 너희를 사람을 낚는 어부가 되게 하리라"(마 4:19)라고 말씀하셨지만 베드로는 처음에 이것이 무슨 말인지 알아듣지 못했습니다.

> 내가 진실로 진실로 네게 이르노니 네가 젊어서는 스스로 띠 띠고 원하는 곳으로 다녔거니와 늙어서는 네 팔을 벌리리니 남이 네게 띠 띠우고 원하지 아니하는 곳으로 데려가리라 요 21:18

부활하신 예수님이 베드로에게 하신 이 예언 역시 베드로는 처음에 알아듣지 못합니다. 그러나 이 말씀으로 알 수 있는 것은 베드로가 젊었을 때는 원하는 대로 다니며 복음을 전하며, 사도 중에 최초로 순교자가 된 야고보처럼 일찍 잡혀죽지 않을 것과 감옥에 들어갔다가 나오기도 했지만 감옥에서 죽지 않았다는 것입니다. 그는 늙어서 십자가형을 받고 순교했는데, 주님과 같은 십자가형을 받을 수 없다고 하여 십자가에 거꾸로 매달렸습니다. 거꾸로 매달렸기 때문에 주님이 말씀하신 대로 팔을 벌리게 되는 죽음을 맞이한 것입니다.

또 어떤 사람은 감옥에 갇히고, 어떤 사람은 고문을 당해 십자가에 매달리고, 어떤 사람은 돌에 맞아 죽고, 칼에 찔리거나 참수형을 당하기도 했습니다. 그러나 하나님께 능력이 없어서 그 일들을 막아내지 못하신 것이 아닙니다. 하나님께 다 뜻이 있는데 하나님을 원망하거나 하나님의 뜻에 의문을 가져서는 절대로 안 됩니다.

천지는 없어질지언정 내 말은 없어지지 아니하리라 마 24:35

사도 바울을 택하실 때도 의심하는 아나니아에게 하나님은 이렇게 말씀하셨습니다.

주께서 이르시되 가라 이 사람은 내 이름을 이방인과 임금들과 이스라엘 자손들에게 전하기 위하여 택한 나의 그릇이라 행 9:15

하나님께서 이미 바울을 택하셔서 이방인의 문화를 습득하게 하셨고, 헬라 문화와 철학과 지식에 능통하게 만들어서 복음으로 그들을 굴복시키게 하셨고, 13권의 서신서를 통해 예수 그리스도의 복음을 전하도록 사용하셨습니다.

모세 역시 원수의 턱 밑에서 안전하게 지켜주신 것이 하나님의 역사입니다. 누가 감히 애굽의 바로의 딸의 수양아들을 털끝 하나 건드릴 수 있겠습니까? 그 당시 고대 근동 최고의 도서관이 이집트에 있었는데, 그가 40살이 될 때까지 세계 모든 문화를 섭렵하며 왕으로서 장차 이스라엘의 지도자로서의 자질을 몸소 체득했습니다. 그 후로 40년을 먼저 광야에서 살게 하시어 정확히 80세에 애굽에서 리더십을 발휘하도록 하나님께서 그를 들어 쓰셨습니다. "천지는 없어질지언정 내 말은 없어지지 아니하리라"라는 이 약속의 말씀을 취하는 자마다 그대로 될 것을 믿습니다. 하나님의 말씀은 살아 있기 때문입니다.

예수님에 대한 말씀이 이루어진 것은 이미 성경에서 검증되었습니다. 예수님은 예루살렘에 입성하실 때 나귀 새끼를 타셨고(슥 9:9), 예수님은 십자가에서 엘리 엘리 라마 사박다니, "내 하나님이여 내 하나님이여 어찌 나를 버리셨나이까"라고 크게 소리 지르셨고, 사람들이 예수님을 십자가에 못 박은 후에 그 옷을 제비 뽑았습니다(시 22편). 하나님의 말씀은 하나도 땅에 떨어지지 않습니다. 하나님의 말씀과 예수님의 예언만 성취된 것이 아니라 예수님의 기도도 시간이 흐르면서 응답되기 시작했습니다.

> 내가 비옵는 것은 이 사람들만 위함이 아니요 또 그들의 말로 말미암아 나를 믿는 사람들도 위함이니 요 17:20

요한복음 17장은 전체가 예수님의 중보기도입니다. 저는 요한복음 17장 20절을 읽고 읽고 또 읽었습니다. 예수님은 지금 눈앞에 보이는 열두 명의 제자들만을 위해서 기도하시는 것이 아닙니다. 그들의 말로 말미암아 나를 믿는 사람들, 즉 예수님을 증거하는 복음을 듣고 믿게 될 사람들을 위해서도 미리 기도하고 계신 것입니다. 아니 그 기도를 이미 다 해놓으셨습니다.

예수님은 우리 교회를 위해서 이미 기도해놓으셨습니다. 우리 주님은 이 자리에 모인 여러분을 위해서 이미 기도해놓으셨습니다. 저

같은 죄인을 위하여 만세전에 택하시사 종으로 부르시고, 교회를 세우게 하시고, 그것을 이루도록 이미 기도해놓으셨습니다. 오늘의 예배를 위해서도 기도해놓으셨습니다. 그 기도가 하나도 땅에 떨어지지 않고 이루어지게 해주셨습니다. 그래서 기도는 영원합니다.

땅에 떨어지지 않은 영원한 기도들

1909년 7월 12일 개성 선교부 소속 선교사인 갬블, 리드, 스톡스 세 명은 한국 교회의 부흥을 위해 기도하고 있었습니다. 당시 조선은 1910년 한일 합방 직전에 가장 어둡고 전혀 희망이 보이지 않는 암흑천지였습니다. 그런데 놀랍게도 이 세 분의 선교사는 강력한 성령의 임재 가운데 백만 명 구령운동에 대한 믿음으로 기도하였습니다. 그런데 갑자기 성령의 부으심으로 기도가 중단되어 그들은 찬양과 경배를 드리게 되었습니다. 왜냐하면 그중 한 사람이 그리스도께서 손을 펴시고 한국을 축복하시는 환상을 보았기 때문이었습니다. 이것이 1909년의 일입니다. 이들의 기도는 1970년대에 응답되기 시작했습니다. 그 환상대로 대한민국을 세워주시고, 이 땅에 6만여 개가 넘는 교회를 허락해주신 것은 기적 중의 기적입니다.

언더우드 선교사 역시 조선에 대하여 이런 기도문을 남긴 적이 있었습니다.

주님! 지금은 아무것도 보이지 않습니다.
메마르고 가난한 이 곳 조선 땅, 나무 한 그루 시원하게 자라 오르지 못하고 있는 이 땅에 저희들을 옮겨와 심으셨습니다. 그 넓고 넓은 태평양을 어떻게 건너왔는지 그 사실 자체가 기적입니다.

지금은 아무것도 보이지 않습니다.
보이는 것은 그저 고집스럽게 얼룩진 어둠뿐, 어둠과 가난과 인습에 묶여 있는 조선 사람뿐입니다. 그들은 왜 묶여 있는지도, 고통이라는 것도 모르고 있습니다. 고통이 고통인 줄 모르는 자에게 고통을 벗겨주겠다고 하면 의심부터 하고 화를 냅니다.
조선 남자들의 속셈이 보이지 않습니다. 이 나라 조정의 내심도 보이지 않습니다. 가마를 타고 다니는 여자들을 영영 볼 기화가 없으면 어쩌나 합니다. 조선의 마음이 전혀 보이지 않습니다. 그리고 저희가 해야 할 일이 전혀 보이지 않습니다.

그러나 주님! 순종하겠습니다. 겸손하게 순종할 때 주께서 일을 시작하시고 그 하시는 일을 우리들의 영적인 눈으로 볼 수 있는 날이 있을 줄 믿나이다. "믿음은 바라는 것들의 실상이요 보지 못하는 것들의 증거니"라고 하신 말씀을 따라 조선의 믿음의 앞날을 볼 수 있게 될 것을 분명 믿습니다.

지금은 우리가 황무지 위에 맨손으로 서 있는 것 같사오나, 지금은 우리가 서양 귀신이라고 손가락질받고 있사오나, 그들이 우리 영혼과 하나인 것을 깨닫고, 하늘나라의 한 백성, 한 자녀임을 알고, 눈물로 기뻐할 날이 있음을 믿나이다.

지금은 예배드릴 예배당도 없고, 학교도 없고, 그저 이 곳 모든 사람들로부터 경계의 의심과 멸시와 천대함이 가득한 곳이지만, 이 곳이 머지않아 은총의 땅이 되리라는 것을 믿습니다. 주여! 오직 제 믿음을 붙잡아주소서.

비록 언더우드 선교사님이 그가 기도한 그대로 다 이루어지는 것을 보지는 못하고 죽었지만 그가 이 땅에 대한 비전으로 기도한 것은 전부 이루어졌습니다.

27세의 토마스 선교사는 성경을 뿌리고 대동강변에서 목이 잘려 죽었습니다. 참수를 당하는 마지막 순간 무슨 말인가 하면서 미소 지으며 박춘권에게 성경을 건네주었다고 합니다. 그가 목이 잘리는 그 순간에 무슨 기도를 했는지 알 수는 없지만, 그 기도는 이미 응답되었습니다. 그의 목을 자른 박춘권은 어쩔 수 없이 책을 받았는데, 그 후 성경을 읽고 예수를 믿어 나중에 장로가 되었습니다.

20세 이신행이라는 여자도 성경을 얻어서 집에 가져갔는데, 그녀는 평양에서 최초로 믿은 여자 교인이 되었으며, 그의 아들 이덕환은

평양 장대현교회 장로가 되었습니다. 11세 소년 최치량도 성경을 주웠는데 그냥 버리기 아까워 집 벽지로 발랐고, 훗날 그 집이 평양 최초의 교회인 널다리교회가 되었고, 그 후 이 교회가 장대현교회가 되어 여기서 1907년 대부흥운동이 일어나기도 했습니다. 토마스 선교사의 기도는 하나도 땅에 떨어지지 않고 결실을 맺게 되었습니다.

이래도 쓸모없는 기도가 있다고 하겠습니까? 우리가 알 수는 없지만, 누군가 나의 구원을 위해서 기도하고, 우리 교회를 위해서 기도하고 있고, 기도해왔습니다. 그 결실로 지금 우리가 있는 것입니다. 한국 교회의 저력은 지난 150년 동안 흘려온 땀과 피, 울더라도 낙심하지 않고 기도하고, 날마다 드리는 기도의 능력이었습니다. 기도 없이는 어떤 일도 일어나지 않습니다. 그러나 기도하면 모든 일이 가능해지는 것입니다. 포기하지 않고 하나님께 기도하는 것이 지혜 중의 지혜요, 믿음 중의 믿음이며, 승리 중의 승리라는 것을 깨달으시기 바랍니다.

영원한 기도를 드리는 방법

우리가 땅에 떨어지지 않는 영원한 기도를 드리는 방법에는 무엇이 있을까요? 첫째, 중보의 기도를 드리는 것입니다. 우리는 기도를 크게 해야 합니다. 기껏 내 배만 위해 기도하고, 내 처자식만 위해 기도하고, 우리 교회만 위해 기도하다가 가면 부끄러운 일입니다. 나라와 민족, 열방과 하나님의 나라를 위해서 기도하고, 우리의 자녀뿐만 아니라 다음세대를 위해서 기도하고, 한국 교회의 부흥을 위해서 기도하는 큰 기도, 하나님의 계획이 성취되도록 하는 큰 기도를 드리는 것입니다. 주님은 승천하시기에 앞서 제자들 앞에서 원대한 기도를 하셨습니다.

> 오직 성령이 너희에게 임하시면 너희가 권능을 받고 예루살렘과 온 유대와 사마리아와 땅 끝까지 이르러 내 증인이 되리라 하시니라 행 1:8

그 땅 끝이 대한민국 이곳 우리 교회까지 온 것입니다.

둘째, 믿음의 기도를 드리는 것입니다. 예수님의 중보기도는 우리를 향한 믿음의 기도였습니다. 제자들이 예수님을 믿기 전에 예수님은 제자들을 믿어주셨습니다. "나를 따라오라 내가 너희를 사람을 낚는 어부가 되게 하리라." 이 말씀대로 베드로는 복음을 선포하여 하루에 3천 명, 5천 명도 돌아오게 하였습니다. 주님은 베드로에게 이런 비전을 품고 기도하셨던 것입니다. 탕자가 허랑방탕하여 재산을 다 날리고 집으로 돌아오기 전부터 아버지는 이미 탕자를 용서하셨고, 그를 보자마자 달려와 맞아주셨듯이, 우리 주님의 비전과 기도가 더 먼저이고, 우리 주님의 믿음과 우리를 향한 사랑이 더 큽니다.

셋째, 낙심하지 않고 포기하지 않는 기도를 드리는 것입니다. 이 땅에 점점 더 어둠이 밀려오고 있습니다. 성경을 성경대로 믿는 나라, 마지막 보루와도 같은 이 나라와 교회의 핵심 중의 핵심은 기도입니다. 기도하면 승리합니다. 기도하면 이길 수 있습니다. 기도하면 태풍이 오다가도 바람으로 그치고 마는 것입니다. 기도하면 하늘의 문이 열리고 기도하면 하늘의 문이 닫히는 역사가 일어납니다. 기도하면 능치 못할 일이 없다는 것을 믿으시고, 지금 당장 손에 잡히는 것이 없고 주머니가 텅텅 비어 있다 할지라도 절대로 낙심하지 말고 기도하시기 바랍니다. 기도는 영원합니다. 기도는 사라지지 않습니다. 기도는 땅에 떨어지지 않습니다. 이 믿음과 신념을 가지고 기도하여 모두 승리하시기 바랍니다.

11

기도의 가치를 아는 것이 복이다

시편 116:1-10

복에는 한시적인 복과 영원한 복이 있습니다. 다시 말해 이 땅의 복이 있고, 죽은 다음 하늘에서 영원히 누리는 복이 있다는 것입니다. "사람이 만일 온 천하를 얻고도 자기 목숨을 잃으면 무엇이 유익하리요"(막 8:36). 사실 이 말씀은 성경이 아니더라도 누구나 공감하는 옳은 말입니다. 온 천하를 얻고 하루를 살다 죽는 것보다 가난하더라도 건강하게 오래 살기를 누구나 바라기 때문입니다.

이 땅의 복과 하늘의 복

네 부모를 공경하라 그리하면 네 하나님 여호와가 네게 준 땅에서 네 생명이 길리라 출 20:12

이 땅의 복은 이 땅에서 기업의 복을 받는 것입니다. 번성하고 장수하는 것입니다. 우리는 이 땅에 살면서 이 땅의 복을 받기를 원합니다. 사실 장수와 부요의 복은 이 땅에서만 유효한 복입니다. 이 땅의 복을 받지 말자는 것이 아닙니다. 이 땅의 복과 영원한 복 둘 중에 하나를 받으라면 영원한 복을 받자는 것입니다. 물론 다 받는 것이 좋습니다. 실제로 아브라함과 다윗 같은 분들은 이 땅의 복과 영원한 복을 다 받았습니다. 그런데 하나를 선택해야 하는 갈림길에 서게 된다면 영원한 복을 택하시기 바랍니다.

이 땅의 복은 죽으면 끝이고, 빼앗기면 끝이고, 이 땅에서 내가 써 버리면 그만입니다. 그러나 하늘에서 받는 복은 영원합니다.

> 지혜 있는 자는 궁창의 빛과 같이 빛날 것이요 많은 사람을 옳은 데로 돌아오게 한 자는 별과 같이 영원토록 빛나리라 단 12:3

많은 사람을 옳은 데로 돌아오게 한 사람, 다른 사람을 주님께로 인도한 사람, 복음을 전하여 영생을 얻게 한 사람은 하늘에서 별처럼 빛납니다. 그리고 지금도 누군가는 순교하고 있습니다. 전 세계에서 하루에 13명이 복음 때문에 목숨을 잃는다는 통계도 있다고 합니다. 그러니 예수 믿는다고 옥에 갇히고, 돌로 치고, 톱으로 켜고, 칼에 죽임을 당한 순교자들, 스데반 집사, 사도 바울, 베드로, 주기철 목사님, 손양원 목사님 같은 분들은 영원한 영광 가운데 천국의 열두 보좌를 차지하고 거룩한 성 예루살렘에서 영생복락을 누릴 뿐만 아니라 가는 곳마다 천사들의 호위를 받고 천사들이 수종들지 않겠습니까?

이런 분들이 천국에서 우리와 같은 수준이겠습니까? 우리는 이 세상에서 할 것 다하면서 조금 헌신하고, 조금 기도하고, 열심히 교회에 나온다고 생색입니다. 우리의 경쟁자는 나보다 좀 더 기도하는 김 집사나 나보다 좀 더 헌신하는 박 집사가 아닙니다. 우리는 상대적 기준에서 안심할 때가 아니라 절대 기준을 가져야 합니다.

> 심령이 가난한 자는 복이 있나니 천국이 그들의 것임이요 애통하는 자는 복이 있나니 그들이 위로를 받을 것임이요 온유한 자는 복이 있나니 그들이 땅을 기업으로 받을 것임이요 의에 주리고 목마른 자는 복이 있나니 그들이 배부를 것임이요 … 의를 위하여 박해를 받은 자는 복이 있나니 천국이 그들의 것임이라 나로 말미암아 너희를 욕하고 박해하고 거짓으로 너희를 거슬러 모든 악한 말을 할 때에는 너희에게 복이 있나니 기뻐하고 즐거워하라 하늘에서 너희의 상이 큼이라 너희 전에 있던 선지자들도 이같이 박해하였느니라 마 5:3-12

심령이 가난하고 애통한 것이 무슨 복입니까? 의에 주리고 목이 말라 맨날 가슴을 치는 것이 무슨 복입니까? 누가 그렇게 살고 싶겠습니까? 그런데 주님은 그런 사람이 복이 있다고 하십니다. 무슨 복이냐 하면 이 땅에서는 받지 못하지만 천국에 가면 받는 복이 있다는 것입니다. 영원한 천국을 얻는 복이 있다고 말씀하시는 것입니다.

주님은 누가 너희를 욕해도 기뻐하고 즐거워하라고 하십니다. 사실 우리는 욕을 많이 먹습니다. 그런데 99퍼센트는 우리가 잘못해서 욕을 먹는 것입니다. 우리 잘못으로 욕먹는 것은 복이 아닙니다. 지혜롭지 못하고, 처세를 잘못하고, 함부로 말해서 욕먹는 것은 당연하고 할 말이 없는 일입니다. 깨우치고 고쳐야 합니다.

그런 것이 아니라 주님으로 인해 누군가 너희를 욕하고 핍박하고 모든 악한 말을 할 때 너희에게 복이니 기뻐하고 즐거워하라고 하십니다. 하늘에서 너희의 상이 크다고 하십니다. 그러니까 이 땅에서는 상이 없습니다. 이 땅에서 예수님 때문에 욕먹어서 좋을 것은 없습니다. 이 땅에서 예수님 때문에 핍박을 받는다고 해서 좋을 것은 없습니다. 그러나 주님을 위해서 수고하느라 이 땅에서 욕을 먹고 핍박을 받거든 기뻐하고 즐거워하십시오. 왜냐하면 천국에 가면 상이 있기 때문입니다. 또한 천국에서 받는 상은 영원하기 때문입니다.

이 땅에서 복을 받고 천국에는 가지 못한 자

그런데 극단적으로, 이 땅에서는 복을 받았는데 죽어서 심판을 받는 자가 굉장히 많습니다. 이 땅에서는 박수받고 존경받았지만 죽어서 지옥에 떨어진 사람들이 수두룩합니다. 누가복음 16장의 부자가 대표적입니다. 그런 사람이 왜 없겠습니까? 이 땅을 호령했던 권세자들, 부자들, 또한 선한 영향력을 끼친 위인들, 정말 잘 살았다고 박수갈채를 보내는 사람들 가운데 대단히 안타깝지만, 그들 안에 예수 그리스도의 영이 없으면, 부활의 영이 없으면, 그들 안에 거듭남이 없으면 하나님의 심판의 기준에 미치지 못하기 때문에 지옥에 가고 맙니다.

본인 스스로도 잘 살았다고 만족하고 죽었을지 모르고, 그 사람의 장례 행렬에 수천 명이 모였을지는 몰라도 그 영혼은 지옥에 가서 영원히 불 심판을 받습니다. 그런 사람들이 이 땅에 너무 많습니다. 간디가 천국에 갔겠습니까? 이교도가 어떻게 천국에 갑니까? 대단한 스티브 잡스도 췌장암을 고치지 못하고 빼빼 말라 죽었습니다. 그런데 그 영혼은 천국에 들어가지 못했습니다. 어떻게 함부로 단정하느냐고요? 예수가 없는데 어떻게 천국을 갔겠습니까? 예수를 안 믿고, 예배를 안 드렸고, 복음을 안 들었는데 어떻게 천국을 갑니까? 어쩌면 그가 만든 스마트폰을 통해서 누군가는 복음을 듣고 예수를 믿었을지 모릅니다. 하지만 정작 그것을 만든 그는 천국에 가지 못했습니다.

석가모니, 이단 교주들은 말할 것도 없고, 모 재벌 회장 역시 그가 이룬 문화와 산업으로 지금 우리가 엄청난 혜택을 누리고 있어도 안타깝지만 그는 지옥에 갔습니다. 성경의 안경을 끼고 보면 지옥에 갔다고밖에 말할 수 없는 것이 현실입니다.

이 땅에서 힘들어도 천국에 간다는 증거를 가진 자

반대로 스데반, 야고보 사도를 비롯한 순교자들은 이 땅에서는 고생하다 못해 비참했고, 심지어 하나님으로부터 버림받은 자들처럼 보였지만 사실은 영원한 복을 받은 자들입니다.

> 여자들은 자기의 죽은 자들을 부활로 받아들이기도 하며 또 어떤 이들은 더 좋은 부활을 얻고자 하여 심한 고문을 받되 구차히 풀려나기를 원하지 아니하였으며 또 어떤 이들은 조롱과 채찍질뿐 아니라 결박과 옥에 갇히는 시련도 받았으며 돌로 치는 것과 톱으로 켜는 것과 시험과 칼로 죽임을 당하고 양과 염소의 가죽을 입고 유리하여 궁핍과 환난과 학대를 받았으니 (이런 사람은 세상이 감당하지 못하느니라) 그들이 광야와 산과 동굴과 토굴에 유리하였느니라 이 사람들은 다 믿음으로 말미암아 증거를 받았으나 약속된 것을 받지 못하였으니 히 11:35-39

이 땅에서는 복을 받았지만 죽어서는 복을 받기는커녕 저주받은 인생들이 있는가 하면, 거꾸로 이 땅에서는 비참하고 어렵고 이해하지 못할 인생을 살았지만, 그 고난과 시련과 아픔과 고통 때문에 천국에 간 사람도 있고, 천국에 가서 상 받는 사람도 있습니다. 이런 사람들은 비록 이 땅에서 천국을 누리지 못하고 죽어도 천국에 간다는 증거를 가졌으며, 이 땅에서는 보상이 없어도 천국에 가면 그 보상이 있습니다.

제가 가르쳤던 학생 중에 하나는 몇 년 사이에 집안이 완전히 몰락해버렸습니다. 아버지는 폐병으로 죽고, 어머니는 집을 나가버렸고, 큰형은 부산에서 칼에 맞아 죽는 일이 몇 년 사이에 일어났습니다. 결국 할아버지 할머니 밑에서 자라며 세상에서 방황하다가 교회에 나와 예수님을 만났습니다. 제가 수련회에서 간증을 해보라고 하자 하나님께서 왜 자기 집을 어렵게 해서 지금까지 고생하게 하셨는지 "이제야 알았습니다"라고 간증했습니다. 예수님을 만나게 하려고 그러신 것입니다.

생각해보니까 저도 엄청나게 복 받은 인생이라는 것을 깨닫게 됩니다. 가난하니까 힘들어 죽겠지요? 부자를 보면 나도 저런 복을 받았으면 하고 부럽죠? 아프니까 힘들고, 자식이 속썩이니까 힘들고, 남편이 뜻대로 안 해주니까 힘들고, 부인과 뜻이 안 맞으니까 힘들죠? 시집살이하니까 고달프죠? 그런데 아십니까? 우리가 그것 때문에 예수 믿게 된 것입니다.

저는 제일 억울한 분이 예수님이라고 단정합니다. 고난에는 다 이유가 있습니다. 우리가 편안했으면 지옥 갈 뻔했고, 나 잘났다고 하면 지옥 갈 뻔했고, 인생이 내 뜻대로 됐으면 이 자리에 없었습니다. 주님이 다 알아서 살려주려고, 구원시키려고, 지옥 보내지 않고 천국에 들어가게 하려고 그런 환경을 만드시고, 그런 아픔을 주시고, 그런 고통을 주셨건만 우리는 철없이 하나님을 원망합니다.

기도가 왜 복인가?

그러면 기도는 무엇입니까? 누군가 기도를 하고, 어떤 교회가 기도에 힘쓴다는 것은 어떤 의미입니까? 기도는 단순한 응답의 도구입니까? 고통스러운 종교 의식입니까? 아니면 그 어떤 것과도 바꿀 수 없는 위대한 가치입니까? 기도가 정말 중요하고 기도가 이렇게나 가치 있다는 것을 깨닫는 것이 복인데, 이것을 깨닫는 사람이 너무나 소수입니다.

기도가 왜 복일까요? 기도는 성령의 은사나 성령의 열매가 아닙니다. 왜냐하면 특정한 사람, 은사가 있는 사람만 하면 되는 것이 아니라 모든 성도가 기도해야 하기 때문입니다. 우리가 예수 믿는 그 순간부터 성도에게 주어진 영광과 특권과 의무가 기도입니다. 하나님께서 어떤 사람에게 가장 크고 좋은 재능을 주셨다면, 그것은 바로 기도의 재능이라는 말이 있습니다.

우리가 여기에 눈을 떠야 합니다. 즉, 기도의 가치를 알게 하시고, 기도를 하게 하시고, 기도에 열중하게 하는 것은 아무에게나 주시는 복이 아니라 하나님께서 특별히 사랑하시는 이에게 주신 구별된 복입니다. 설령 이 땅에서 기도했지만 여전히 고달프고, 여전히 가난하고, 여전히 고난 속에서 산다 할지라도 기도의 십자가를 지고, 기도의 산 순교자로 살아가는 것이 얼마나 특별한 은혜요, 복인지를 깨달으시기 바랍니다.

비록 재능도 없고, 힘도 없고, 백도 없고, 가진 것도 없지만, 그 사람이 기도한다면, 그는 기도하는 것 이상의 것을 할 수 있습니다. 그러나 그 사람이 기도하지 않는다면 그는 기도하는 것 이상의 것을 절대로 할 수 없다고 S. D. 고든(Samuel Dickey Gordon)이 말했습니다. 결국 기도하지 않으면 기도하는 것 이상의 일이 절대로 일어나지 않는다는 것이니 얼마나 맞는 말입니까?

설령 우리가 너무 부족하고 완악해서, 육신이 약하고 상황이 어렵고 믿음이 부족해서 기도에 전념하지 못하고 있다 해도 기도하는 사람이 부럽고, 기도하는 사람을 사랑하고, 기도하는 사람을 돕고, 누가 기도하면 든든해지고, 기도하는 교회에서 기쁨을 누린다면 그것 자체가 복입니다. 아무나 그런 생각을 갖지는 않습니다.

우리가 대통령을 만나서 함께 식사를 했다면 어디서 만나서 무엇을 먹었느냐보다 더 중요한 것이 있습니다. 그것은 대통령을 만났다는 것 그 자체입니다. 그것이 힘입니다. 기도 자체가 복이라는 것을 아는 눈이 열리는 것이 힘입니다. 기도의 능력을 알고, 기도하는 자로 부름 받은 것에 대한 자부심을 가지고 살아가십시오. 철야기도 하고, 금식기도 하고, 중보기도자로 살아가는 것이 얼마나 큰 특권인지 모릅니다.

기도의 가치에 눈떠라

왜 그렇게 말할 수 있느냐 하면, 많은 사람 중에 소수가 구원을 얻습니다. 구원 얻은 자 중에 소수가 십자가의 좁은 길을 걸어갑니다. 십자가의 길을 걸어가는 자 중에서 또 소수가 순교합니다.

> 좁은 문으로 들어가라 멸망으로 인도하는 문은 크고 그 길이 넓어 그리로 들어가는 자가 많고 생명으로 인도하는 문은 좁고 길이 협착하여 찾는 자가 적음이라 마 7:13–14

우리나라에 교회 다니는 사람보다 교회 다니지 않는 불신자가 훨씬 많습니다. 교회 다니는 사람 중에서 구원받은 진짜 크리스천과 거듭나지 못한 가짜 크리스천, 이 중에 누가 더 많을까요? 그것은 주님만 아십니다. 그런데 조심스러우면서도 걱정스러운 것은 지금과 같은 상태로는 거듭났다고 보기 어려운 분들이 많다는 것입니다. 앞으로 거듭나서 변화될 수 있다는 소망과 성령의 불을 받을 수 있다는 소망이 있기 때문에 참고 기다리고 투자하고 있는 것입니다.

예수님에게도 예수님을 따르는 많은 무리가 있었습니다. 예수님은 그중에 70명의 세워서 각 동네와 지역으로 파송하셨습니다. 그 중에 12명의 제자가 있었고, 그중에서도 결정적일 때 예수님은 3명의 제자만 데리고 가셨습니다. 교회에서도 직분자라고 다 기도하는 것이 아닙니다. 시골 교회에 교인이 얼마 없어도 기도의 사명자가 있는가 하면, 아무리 교회가 커도 기도하는 사람이 없는 교회도 있습니다. 무엇보다 기도의 가치를 알고 기도를 소중히 여기는 사람,

영의 눈이 열린 자가 얼마나 복됩니까?

> 너희는 나를 누구라 하느냐 시몬 베드로가 대답하여 이르되 주는 그리스도시요 살아 계신 하나님의 아들이시니이다 예수께서 대답하여 이르시되 바요나 시몬아 네가 복이 있도다 이를 네게 알게 한 이는 혈육이 아니요 하늘에 계신 내 아버지시니라 마 16:15-17

영의 눈이 열리자 베드로는 예수님이 누구신지 정확히 고백했습니다. 그것을 제대로 아는 제자가 몇 없었습니다. 예수님은 그가 복이 있다고 말씀하셨습니다. 기도는 응답 이상의 가치가 있습니다. 기도의 가치에 눈을 뜨시기 바랍니다.

> 여호와께서 내 음성과 내 간구를 들으시므로 내가 그를 사랑하는도다 그의 귀를 내게 기울이셨으므로 내가 평생에 기도하리로다 시 116:1-2

"내가 평생에 기도하리로다", 이 시편 기자는 기도의 가치를 아는 분입니다. 그가 할 일이 없어서 기도나 좀 해야겠다고 말한 것일까요? 이것은 평생 기도하겠다는 약속이 아닙니다. 시편 기자는 기도의 가치에 눈을 떴습니다. 다른 어떤 것보다 기도가 중요하다는 것을 알고, 기도의 맛을 알고, 기도의 능력을 알게 되어 평생에 기도하겠다고 결단하게 된 것입니다. 그는 어떤 경우에도 기도합니다. 기도의 가치를 알기 때문입니다.

기도하는 자는 하나님을 대신하여 일하는 자다

왜 기도하는 것 자체에 눈을 뜬 것이 복이냐 하면 첫째, 기도하는 자는 하나님을 대신하여 일하는 자이기 때문에 복됩니다. 하나님께서 어떤 일을 하려고 하시면 반드시 기도부터 시작되게 하십니다. 우리가 포괄적 차별금지법을 막기 위해 기도하는데 저는 이렇게 생각합니다. 첫째 기도하니까 막아지고 있고, 둘째, 하나님이 막으려고 하시니까 기도를 시키신다는 것입니다. 조선 땅에 선교사가 처음 와서 기도한 것이 아니라 조선 땅에 와보지 않은 누군가가 미국, 영국, 유럽에서 기도하기 시작했습니다. 기도부터 시작되고 선교사가 들어왔습니다. 그러면 그 기도를 누가 시키셨습니까? 하나님이 시키셨습니다.

> 너희 안에서 행하시는 이는 하나님이시니 자기의 기쁘신 뜻을 위하여 너희에게 소원을 두고 행하게 하시나니 빌 2:13

하나님께서 뭔가 하고 싶으시면, 즉 하나님이 뜻을 세우시면 우리에게 하고 싶은 마음, 즉 소원을 주십니다. 우리가 뭔가 억지로 하는 것이 아니라 하나님이 우리에게 그 마음을 주십니다. 하나님에게는 다 이유가 있고 뜻이 있습니다. 우리 안에 불 같은 소원을 주시고, 그리고 기도를 시작하게 하십니다. 우리의 입에서 생각지도 못한 기도가 나온다면 하나님께서 어떤 일을 시작하셨다고 믿으시기 바랍니다.

그러면 우리가 누군가를 위해 기도하면 손해 보는 것입니까? 아닙니다. 우리가 하나님의 나라와 그의 의를 위해 차별금지법을 막는 기도를 하고 행동을 하는 것은 하나님이 기뻐하시는 일입니다. 하나님이 우리의 후세와 우리 모두를 책임져주려고 하신다는 믿음을 가지시기 바랍니다. 우리는 하나님께서 어떤 일을 이루시기 전에는 반드시 먼저 기도부터 하게 하신다는 것을 명심해야 합니다.

기도하는 자는 하늘에 속한 자다

둘째, 왜 기도가 가치가 있고 중요한 복이냐 하면 세상이 감당할 수 없는 자, 하늘에 속한 자만이 기도하기 때문입니다. 기도는 하늘의 불을 끌어내리는 강력입니다. 기도는 하늘의 통치와 능력과 임재를 가져오는 유일한 방법입니다.

'황금의 입'이라고 불리는 요한 크리소스톰(Chrysostom, 347-407)이 복음을 전하다가 감옥에 들어갔습니다. 그러자 "감옥에 보내사 복음을 전하게 하시니 감사합니다"라고 기도합니다. 그랬더니 사형이 언도되었습니다. 그러자 "성도의 가장 큰 영광이 순교라고 하셨는데 그 반열에 들어가게 하시니 감사합니다"라고 기도했습니다. 그래서 다시 살리라고 하자 "아직 종에게 할 일이 있어서 살려주시니 감사합니다"라고 기도했다고 합니다. 그는 어떤 환경에도 요동하지 않았습니다. 이 땅에서 일어나는 좋은 일, 나쁜 일, 힘든 일, 높은 일, 낮은 일, 조롱이나 칭찬에도 흔들리지 않았습니다. 왜냐하면 그가 세상에 속한 사람이 아니라 하늘에 속했기 때문입니다.

"기도의 위력은 불의 세력을 정복하는바 기도는 노여워하는 사자의 입에 재갈을 물리고, 난세를 정복시켜 고요하게 하고, 전쟁을 종결시키며, 폭풍우를 달래고, 마귀를 내쫓으며, 사망의 결박을 풀고, 질병을 완쾌시키며, 협잡꾼을 내쫓고, 도시들을 파멸에서 구출하며, 태양을 멈추게 하고, 벼락의 진행을 막는다. 기도는 만능의 갑옷이요, 값이 떨어지지 않는 보물이요, 고갈되지 않는 광산이며, 구름으로도 흐려지지 않는 창공이요, 폭풍으로도 구겨지지 않는 하늘이다. 이것은 뿌리요, 지반이요, 한량없는 축복의 어머니다." 이것이 요한 크리소스톰의 기도에 대한 찬사입니다.

우리가 기도해도 응답받지 못할 수 있습니다. 그러나 기도하는 것 자체가 복입니다. 이것에 눈을 뜬 사람이 하나님께 큰 은혜를 입은 것입니다. 이 좋은 편을 택하였으니 어떤 경우에도 기도를 빼앗기지 마십시오. 기도를 포기하지 말고 날이 갈수록 더 강력한 기도의 용사들이 일어나 모든 교회가 하나님께 부르짖어 기도할 수만 있다면 이 땅은 우리 주님이 다시 오실 때까지 안전합니다. 이 땅에 기도에 눈 뜬 용사들이 있는 한, 기도가 가장 강력한 능력이기 때문에 이 대한민국이 영원할 것입니다. 앞으로도 우리가 기도하지 않으면 망할 것이지만, 교회가 기도한다면 음부의 권세가 이기지 못할 것입니다. 우리가 골든타임을 놓치지 말고 기도의 자리를 지켜야 안전합니다. 우리가 기도를 저축해야 우리의 자녀들이 삽니다. 마지막 때 이 기도 전쟁에서 승리하여 대한민국의 모든 교회가 기도하며 깨어 있는 귀한 공동체가 되기를 간절히 바랍니다.

12

기도의 마스터키를 취하라

요한복음 16:17-24

마스터키란 어떤 건물 내 모든 방의 문을 제한 없이 열 수 있는 열쇠를 말합니다. 일종의 만능 열쇠입니다. 그런데 이론적으로는 문 하나에 맞는 열쇠는 세상에 단 하나밖에 없는 것이 맞습니다. 제가 신기하게 생각하는 것은 같은 모델의 자동차를 수백만 대씩 만드는데, 그 모든 차의 열쇠가 다르다고 하니 보통 기술은 아닌 것 같습니다. 전 세계에서 가장 많이 팔린 차가 도요타의 코롤라라는 모델인데, 무려 5천만 대가 팔렸다고 합니다. 그 모델이 1966년부터 출시되었다고 하니 그때는 디지털 키가 없었을 때인데 어떻게 열쇠가 다 달랐을지 놀랍습니다. 그러니까 문 하나에 열쇠는 하나라는 것입니다.

마찬가지로 우리는 일상을 살아가면서 숱한 문제에 가로막힙니다. 그 문제는 일종의 문이자 벽입니다. 또 그 문제에는 답이 있습니다. 그리고 그 문제의 답은 하나입니다. 병이 들었으면 그 문제의 해결은 병이 낫는 것입니다. 그 병을 고치는 것만이 문제를 푸는 열쇠입니다. 어떤 사람과 돌이킬 수 없이 관계가 틀어졌다면 그 문제의 답은 돈이 아닙니다. 관계의 문제는 사랑이나 진심으로만 풀어낼 수 있습니다. 문제의 답은 하나일 수밖에 없다는 뜻입니다. 그렇다면 우리에게 다양한 문제와 시련이 있는데, 무슨 수로 이 다양한 문제들에 대한 답을 일일이 다 얻을 수가 있겠습니까?

무엇이든지 구하라 그리하면 받으리라

그런데 수만 가지 문제를 한번에 해결할 수 있는 인생의 마스터키가 있다면 그것이 무엇인지 알고 싶지 않겠습니까? 그런 것이 있다면 어떤 대가를 지불하더라도 얻어야 하지 않을까요? 그것만 있으면 돈이든, 건강이든, 관계든, 미래든 해결받지 못할 문제가 없다는데 그것을 얻기 위해 행동에 나서야 되지 않을까요? 성경은 이렇게 말씀합니다.

> 그 날에는 너희가 아무것도 내게 묻지 아니하리라 내가 진실로 진실로 너희에게 이르노니 너희가 무엇이든지 아버지께 구하는 것을 내 이름으로 주시리라 지금까지는 너희가 내 이름으로 아무것도 구하지 아니하였으나 구하라 그리하면 받으리니 너희 기쁨이 충만하리라 요 16:23-24

예수님은 "너희가 무엇이든지 아버지께 구하는 것을 내 이름으로 주시리라"라고 말씀합니다. 이건 구하고 저건 구할 수 없다고 하지 않으시고, 무엇이든지 아버지께 구하기만 하면 아버지께서 그 기도를 들으시고 주님의 이름으로 응답해주신다고 합니다. 제한이 없습니다.

우리가 하나님께 기도하지 못할 제목은 없습니다. 아무리 관계가 좋고 그에게 능력이 있더라도 우리가 사람에게 구할 때는 제한이 있습니다. 사람에게 무엇을 부탁할 때 그가 해줄 수 있는 일이 있고, 해줄 수 없는 일이 있기 때문입니다. 그러나 하나님께서는 "무엇이든지 구하라"고 우리에게 단호하게 말씀하십니다. 아무리 큰 문제라도, 아무리 큰 산이라도, 아무리 강한 상대라도 구하라고 하셨지, 어느 정도로 제한을 두고 구해야 한다는 말씀은 찾을 수 없습니다.

> 엘리야가 엘리사에게 이르되 나를 네게서 데려감을 당하기 전에 내가 네게 어떻게 할지를 구하라 엘리사가 이르되 당신의 성령이 하시는 역사가 갑절이나 내게 있게 하소서 하는지라 이르되 네가 어려운 일을 구하는도다 그러나 나를 네게서 데려가시는 것을 네가 보면 그 일이 네게 이루어지려니와… 왕하 2:9-10

엘리사가 엘리야에게 갑절의 영감을 구할 때 엘리야는 엘리사에게 "네가 어려운 일을 구하는도다"라고 말했습니다. 엘리야는 그렇게 해줄 수 없다는 뜻입니다. 그러나 엘리야는 주님이 그것을 이루어주실 것이라고 했습니다. 성경에는 무엇이든지 구했을 때 응답받은 역사가 차고 넘칩니다. 하늘에서 불이 내렸고, 비가 내렸고, 강이 갈라졌고, 여리고성이 무너졌고, 앉은뱅이가 일어났고, 죽은 자가 살아났습니다. 사자들의 입이 봉해졌고, 옥토가 흔들렸습니다.

홍해 앞에 선 모세와 이스라엘 백성들이 거기서 무엇을 구할 수 있겠습니까? 우리라면 무엇을 구할 수 있을까요? 홍해가 갈라질 것을 상상이나 했을까요? 앞에는 홍해가 막혀 있고 뒤에는 애굽의 군대가 쫓아오는 상황에서 무슨 수로 그 난관을 헤쳐 나가겠습니까? 홍해 앞에는 수백만 명의 이스라엘 백성들이 기다리고 있습니다. 그런데 그중에 단 한 명도 예상하지 못한 기적이 일어났습니다. 홍해가 쫙 갈라져버린 것입니다.

회당장 야이로가 죽어가는 자신의 딸을 살려달라고 예수님께 나왔습니다. 그런데 회당장의 집에서 온 사람이 딸이 죽었다는 소식을 전합니다. 살아 있을 때야 예수님이 고쳐주시면 되는데, 죽었으면 이미 끝난 것입니다. 그런데 예수님이 그 집에 가서 울며 통곡하는 사람들에게 "이 아이가 죽은 것이 아니라 잔다"라고 하시니 사람들이 비웃었습니다. 이것은 예수님을 모욕하는 것이 아니라 당연한 반응입니다. 그때 예수님이 "달리다굼" 하시니 소녀가 곧 일어나서 걷는 상상할 수 없는 일이 일어났습니다. 우리 주님은 능치 못하심이 없습니다.

기도의 응답으로 누구도 계산할 수 없는 일, 누구도 상상할 수 없는 일이 주어질 때 하나님께서 영광을 받으십니다. 그런 하나님의 역사를 끌어올 수 있는 유일한 방법은 하나님 앞에 부르짖어 기도하는 것입니다. 이제부터 우리는 아무것도 할 수 있는 일이 없다는 말을 해서는 안 됩니다. 아직 할 수 있는 일이 한 가지 남아 있습니다. 무엇이든지 구하라고 하신 하나님의 명령에 따라 기도하는 것입니다. 우리가 기도하는 한 끝나지 않았고, 우리가 기도하는 한 절망은 없습니다. 무엇이든지 구하십시오. 기도에 제한을 두지 않는 것이 믿음입니다.

그 날은 어떤 날인가?

그런데 요한복음 16장 23절에서 "그 날에는 너희가 아무것도 내게 묻지 아니하리라"라고 했는데, '그 날에는'은 어떤 날을 말하는 것입니까?

조금 있으면 너희가 나를 보지 못하겠고 또 조금 있으면 나를 보리라 하시니 요 16:16

예수님은 "조금 있으면 너희가 나를 보지 못하겠고 또 조금 있으면 나를 보리라"라고 하셨는데 제자들은 이 말씀을 알아듣지 못했습니다. 예수님이 제자들에게 조금 있으면 나를 보지 못하겠다고 하신 것은 십자가에 죽으심을 말씀하신 것이고, 또 예수님이 조금 있으면 나를 본다고 하신 것은 부활하신 예수님을 만나게 된다는 말씀입니다.

> 그 날에는 너희가 아무것도 내게 묻지 아니하리라 내가 진실로 진실로 너희에게 이르노니 너희가 무엇이든지 아버지께 구하는 것을 내 이름으로 주시리라 요 16:23

그러니까 '그 날'은 예수님이 부활하여 나타나신 날입니다. 제자들은 그 날에 예수님에게 아무것도 묻지 않을 것이라고 말씀합니다. 실제로 부활하신 예수님을 본 제자들은 주님이신 줄 알기 때문에 감히 묻는 자가 없었다는 것이 성경의 기록입니다. 그리고 물을 필요가 없었습니다. 의문, 염려, 두려움, 앞날에 대한 걱정이 더 이상 필요하겠습니까? 왜냐하면 부활하신 주님이 모든 것의 답이기 때문입니다. 그리고 예수님은 "너희가 무엇이든지 아버지께 구하는 것을 내 이름으로 주시리라" 이렇게 말씀하십니다.

> 지금까지는 너희가 내 이름으로 아무것도 구하지 아니하였으나 구하라 그리하면 받으리니 너희 기쁨이 충만하리라 요 16:24

지금까지는 예수님이 제자들과 함께 계셨기 때문에 제자들이 예수님의 이름으로 구할 필요가 없었습니다. 그러나 이제부터는 예수님의 이름으로 구하라고 하십니다. 구하면 응답해주신다고 말씀하십니다. 그러면 지금 우리는 어떻습니까? 우리도 예수님이 부활하신 이후의 시간을 살아가고 있기 때문에 무엇이든지 구하라는 이 말씀은 지금 '그 날'을 살고 있는 우리에게 주신 말씀입니다. 주 예수의 이름을 부르는 자녀들에게 주신 명령입니다. 오늘 우리는 주님과 함께했던 제자들과 다름없는 동일한 응답과 역사를 경험할 수 있게 된 것입니다.

기도를 믿자

기도는 만사를 변화시키며 기도는 모든 문제를 여는 열쇠가 됩니다. 우리가 그 기도를 믿는 것이 예수님을 믿는 것입니다. 기도로 열리지 않는 문이 없고, 또한 변화되지 않는 사람도 없고, 버틸 수 있는 세력도 없습니다.

사실 '기도의 마스터키'라는 말은 좀 어폐가 있습니다. 기도의 마스타키라는 말은 기도가 마스터키라는 뜻이기 때문입니다. 기도가 마스터키이니 그것을 취하고자 하는 마음이 있습니까? 손에 기도의 마스터키가 쥐어져 있느냐는 것입니다. 그 마스터키를 손에 쥔 자가 있고, 쥐지 못한 자가 있습니다. 똑같이 교회에 다녀도 그 마스터키를 손에 쥔 자는 모든 문들을 그 열쇠로 열고 자녀의 권세를 취하고 누립니다. 그러나 그 마스터키를 취하지 못하고 그 능력을 믿지 못하는 사람들이 있습니다.

우리가 어떤 열쇠를 넣고 돌리는 것은 믿음이 있어야 가능합니다. 이 열쇠를 넣고 돌리면 문이 열린다는 믿음이 있기 때문에 열쇠를 넣고 돌리는 수고를 하는 것입니다. 즉 우리가 기도하면 반드시 어떤 일이 일어난다는 것을 믿고 기도하라는 것입니다. 우리가 기도하면 분명히 무슨 일이 일어납니다. 우리가 기도하면 하나님이 어떤 사건을 일으키십니다. 우리가 기도하면 전화가 오고, 우리가 기도하면 어떤 세력이 넘어지고, 우리가 기도하면 어떤 사람과 화해하게 되고, 우리가 기도하면 총성이 그치게 되고, 우리가 기도하면 하늘의 문이 열린다는 것을 믿고 기도하시기 바랍니다.

사실 우리는 그런 시간들을 수없이 경험하고 여기까지 왔습니다. 그런데 그렇게 응답받은 것은 쉽게 잊어버리는 것이 인간이라는 존재입니다. 우리는 인생의 숱한 고비들을 넘기고 여기까지 왔습니다. "이 문제만 해결해주시면 내 생명을 하나님께 드리겠습니다", "이 병만 낫게 해주시면", "대학에 붙여주시면", "계약만 성사되게 해주시면", "이 문제만 해결해주면 평생 이렇게 이렇게 하겠습니다"라고 약속한 사람이 수두룩할 것입니다. 문제가 커지면 부도수표를 남발하다가 문제가 해결되면 싹 잊어버립니다. 하나님 앞에 신의를 지킬 줄 아는 사람이 얼마나 적습니까?

기도의 마스터키를 취하는 방법

1. 주를 인정하고 고백하라

우리가 기도의 마스터키를 취하려면 첫째, 주님을 내 인생의 주인으로 인정하고 고백해야 합니다. 다시 말해서 내 인생의 주인을 예수님으로 바꾸라는 것입니다. 아무리 능력 있는 아버지라도 자식이 고집을 피우면 그 자식의 인생에 관여하지 않습니다. 못하는 것이 아니라 안 하는 것입니다. 억지로 관여하면 관계가 틀어져 그 자식이 절대로 돌아오지 않기 때문에 그냥 놔두는 것입니다. 겨우 걸음마를 걷는 아기가 자기보다 큰 가방을 혼자 메겠다고 고집을 부리고 울면 그냥 놔둬야 합니다. 포기할 때까지 그냥 놔두는 것입니다. 이 문제는 내가 할 수 없고 아버지가 해주신다는 것을 깨달을 때까지, 부모를 의지하고 진실로 부모를 찾을 때까지 기다리면 손을 듭니다. 그때 비로소 기도가 응답되기 시작하는 것입니다.

마찬가지로 우리가 진정한 기도의 능력을 경험하기 위해서는 우리의 주권을 옮겨야 합니다. 우리의 주권이 아닌 하나님의 주권으로, 내 인생의 축을 나에게서 하나님께로 완전히 옮겨야 합니다. 이것이 말처럼 쉽지는 않습니다. 도마는 부활하신 주님을 목격하고 나서야 이렇게 고백했습니다. “나의 주시며 나의 하나님이시니이다”(요 20:28). 그러면 그전에 도마는 자기가 주인이었다는 뜻입니다. 우리가 입술로만 “주여 주여” 하지 말아야 합니다.

누구라도 예수님의 이름을 부를 수 있습니다. 그러나 누구든지 그 이름을 부른다고 하나님께서 다 반응하시는 것은 아닙니다.

> 나더러 주여 주여 하는 자마다 다 천국에 들어갈 것이 아니요 다만 하늘에 계신 내 아버지의 뜻대로 행하는 자라야 들어가리라 마 7:21

주여 주여 하는 자가 다 천국에 들어가는 것이 아니라 아버지의 뜻대로 행하는 자가 하나님의 자녀이며, 오직 주님의 자녀가 부르는 그 이름에만 주님이 응답하십니다. 오직 하나님을 자신의 주인으로 삼는 자가 예수의 이름을 부를 때 그 기도에 효력이 있다는 뜻입니다. 예수님의 이름을 부를 만한 자격을 갖춘 하나님의 자녀가 되는 것은 녹록지 않습니다. 그러나 그 사람만이 예수님의 이름으로 기도할 때 효력이 있다는 것을 믿으시기 바랍니다.

2. 간절히 소원해야만 사용할 자격이 주어진다

둘째, 기도의 마스터키를 취하려면 간절히 소원해야만 합니다. 기도는 간절히 소원하는 자만 사용할 자격이 주어집니다. 오직 기도밖에 할 수 없는 자에게 응답이 이루어집니다.

마태복음 10장에서 예수님은 제자들을 내보내시며 두 벌 옷과 전대도 가지지 말라고 하셨습니다. 단 벌 옷에 주머니는 텅텅 빈 채 아무도 의지하지 않고 오직 보내신 자 예수를 의지하도록 하신 것입니다. 그래야 주님의 능력이 더욱 나타납니다. 어떤 성이나 마을에 들어가든지 그들을 환영하는 자의 집에 당당히 머물고, 그들을 영접하지도 않고 그들의 말을 듣지도 않으면 발의 먼지를 떨어버리라고 하셨습니다. 예수의 이름만 주시고, 그 이름을 죽기살기로 붙잡고, 그 이름만 의지하고, 그 이름만 전파하고, 그 이름을 무기로 나갔더니 하나님께서 일하십니다. 기도의 마스터키만 있으면 인생의 모든 문제를 해결할 수 있다는 절박함, 이 믿음이 우리에게 있기를 바랍니다.

까마귀는 호두를 잘 먹는 새라고 합니다. 그런데 호두는 알다시피 사람도 그냥 깨기가 힘들어서 망치로 두드려야 깨집니다. 까마귀만 아니라 모든 새들이 다 호두를 먹을 수 있습니다. 그런데 유독 까마귀만 호두를 먹는 이유가 있습니다. 다른 새들은 호두를 먹고 싶어도 호두를 깰 엄두를 내지 못하는데 반해, 까마귀는 그 호두를 입에 물고 높이 올라 호두를 바닥에 떨어트린다고 합니다. 언제까지요? 호두가 깨질 때까지. 호두에 금이 가고 껍질이 깨져서 호두가 나올 때까지 그렇게 합니다.

미싱이라는 소년이 있었습니다. 홀어머니와 함께 가난하게 살아가던 소년은 힘들게 바느질을 해서 살아가는 어머니를 위해 어머니가 바느질을 편하게 할 수 있도록 연구에 연구를 거듭해서 재봉틀을 만들었습니다. 그래서 소년의 이름을 따서 재봉틀을 '미싱'이라고 부르게 된 것입니다. 바느질하는 어머니를 둔 모든 아들이 미싱을 만드는 것이 아닙니다. 어머니를 바느질에서 해방시켜주기 위해 몸부림을 치다보니까 재봉틀이 만들어졌다는 것입니다. 마찬가지로 모든 사람의 기도가 응답되는 것이 아니라, 간절히 포기하지 않고 기도하는 사람이 마침내 기도의 비밀을 발견하고, 기도의 능력을 경험하며, 기도의 마스터키를 손에 쥐게 되는 것입니다.

문제를 가지고 하나님 앞에 나가 기도로 응답받고, 하나님과 이 문제를 풀어야겠다고 결심한 사람에게 하나님께서 기도의 능력을 주시는 것입니다. 마가복음 5장의 혈루증 걸린 여인이 예수님의 옷자락을 만졌습니다. 그때 예수님이 “누가 내게 손을 대었느냐?”라고 물으십니다. 제자들은 이렇게나 많은 사람들이 예수님을 에워싸 떠밀고 있는데 누가 주님을 만졌냐고 물으시는 건지 반문합니다. 그러자 여인이 자신의 병이 나은 것을 알고 두려워 떨며 예수님께 나와 이실직고합니다. 많은 사람들이 예수님을 만졌지만, 오직 살기 위해서 예수님의 옷에 손을 댄 이 여인만이 간절했습니다. 살기 위해서 기도하는 사람, 주님의 응답을 받으려고 기도하는 그 사람에게 마스터키를 주십니다. 주의 이름으로 기도하십시오. 이 기도의 마스터키를 간절히 소원하시기 바랍니다.

3. 자격 있는 자에게 주어지는 선물이다

셋째, 이 기도의 마스터키는 자격 있는 자에게 주어주는 선물과 같습니다. 여기서 자격이란 상태를 말합니다.

여호와의 손이 짧아 구원하지 못하심도 아니요 귀가 둔하여 듣지 못하심도 아니라 오직 너희 죄악이 너희와 너희 하나님 사이를 갈라 놓았고 너희 죄가 그의 얼굴을 가리어서 너희에게서 듣지 않으시게 함이니라

사 59:1-2

하나님과 우리의 관계가 정상적인 상태, 즉 거룩한 사람에게 기도는 그 위력을 발휘합니다. 집안의 방과 방 사이의 거리가 멀어서 안 들어가나요? 마음이 멀어지니까 들어가지 않는 것이지요. 우리의 기도는 내용 자체를 보면 거의 문제가 없습니다. 전부 그럴듯하고 필요한 기도만 합니다. 그러나 주님은 기도하는 사람의 죄가 회개되어 정결해진 상태인지를 보십니다. 하나님께서 우리의 기도에 왜 응답하지 않으시는지를 따지기 전에 먼저 우리를 돌아봐야 합니다. 하나님과 우리 사이에 문제가 생겼다면 그것을 회복해야 합니다.

그러므로 예물을 제단에 드리려다가 거기서 네 형제에게 원망들을 만한 일이 있는 것이 생각나거든 예물을 제단 앞에 두고 먼저 가서 형제와 화목하고 그 후에 와서 예물을 드리라 마 5:23-24

미워하고 또 미움을 받으면서 무슨 기도를 하겠습니까? 사실 이 말씀은 가장 실천하기 어려운 말씀 중에 하나입니다. 그러나 그만큼 강력한 능력을 가져오는 말씀이기도 합니다. 지금 우리가 죄악

가운데 있는데 아무리 철야를 한들 응답을 받겠습니까? 우리가 아무리 외쳐도 하나님이 듣지 않으시고, 우리가 아무리 손을 내밀어도 붙잡아주지 않으십니다.

> 내가 천국 열쇠를 네게 주리니 네가 땅에서 무엇이든지 매면 하늘에서도 매일 것이요 네가 땅에서 무엇이든지 풀면 하늘에서도 풀리리라 하시고 마 16:19

땅에서 묶이면 하늘에서도 묶이고, 땅에서 풀면 하늘에서도 풀립니다. 우리가 하나님 앞에 아무 꺼림이 없는 상태가 최상의 상태입니다. 반대로 마귀로서는 이것이 너무너무 힘든 상태이기도 합니다. 얼음밭에 가서 아무리 불을 피우려고 해도 불이 붙지 않기 때문입니다. 그렇듯 건드릴 것이 없고 쓰러질 것이 없는 최상의 상태를 만드십시오. 하나님과 사람 앞에 죄를 정리한 상태가 기도 응답을 받는 최상의 상태입니다. 그러기 위해서 기도를 많이 하는 것이 좋습니다. 많은 기도의 양에서 좋은 기도의 질이 나옵니다.

그러므로 철저히 회개하여 정결한 영혼육이 되어 기도의 마스터키를 취함으로써 하늘의 역사를 이 땅에 가져오는 성도들이 되시기를 바랍니다. 기도의 마스터키를 취할 준비가 되셨습니까? 이것의 가치를 알고, 내 인생의 주인을 하나님으로 바꾸고, 이 마스터키를 손에 쥐기에 부족함이 없는 온전한 영적 상태를 만들어서 주님 앞에 나아갑시다. 이 기도를 믿고 나라와 민족을 위해, 위정자들과 집권자들을 위해, 우리의 다음세대들을 위해 기도하여 어지러운 이 세상을 위한 중보의 기도를 끊이지 않고 올려드리는 이 시대에 기도의 사명자가 되시기를 바랍니다.

4
PART

기도 목적

너는 부르짖으라

13

무시로 기도하라

에베소서 6:18-20

현대인들은 정말 바쁩니다. 어느 정도로 바쁘냐 하면 충분히 돈이 있는데, 삼시 세끼도 다 못 먹을 정도로 바쁩니다. 옛날에는 아침저녁으로 온 가족이 모여서 밥을 먹었는데, 지금은 두셋 되는 식구가 한자리에 모여 밥을 먹으려고 하면 미리 약속을 잡아 시간을 정해두어야 하고, 그마저 하루 전날 급한 일이 생겨서 함께하지 못한다는 연락이 오기 일쑤입니다. 집 앞에 있는 병원에도 가지 못할 정도로 바쁘고, 심지어 자기 나이도 잊고, 오늘이 몇 일인지도 모를 정도로 살아갑니다.

현실적으로 그리스도인들은 더 바쁩니다. 세상 일에 더해 교회도 다녀야 하기 때문입니다. 교회에서 예배, 봉사, 전도, 교회 애경사에도 참석해야 합니다. 성경공부와 같은 영적 훈련에도 참석해야 하기 때문에 잠을 줄이고 여가 시간이나 취미 활동도 줄이면서 살아갑니다.

우리는 왜 이렇게 분주해졌나?

아무도 원치 않는데 우리가 사는 세상이 왜 이렇게 분주해졌을까요?

1. 쉴 수 있고 숨을 수 있는 공간이 사라졌다

첫째, 우리가 쉴 수 있고 숨을 수 있는 공간이 사라졌습니다. 오늘날은 자기만의 시간을 갖는 것이 거의 불가능해졌습니다. 인터넷의 발달과 휴대폰의 등장 때문입니다. 이제 시간과 장소를 가리지 않고 언제든지 연락이 가능하기 때문에 변명할 수도 없습니다. 몰랐다는 말은 더 이상 통하지 않게 되었습니다. 목욕탕에서도 연락이 되고, 심지어 비행기를 타고 외국에 나가 있어도 모를 수 없고, 정 급하게 찾으면 돌아와야 하는 그런 세상이 되었습니다.

2. 교통의 발전으로 이동 거리가 짧아졌다

둘째, 역설적이게도 이동 거리가 짧아져서 더 바쁘게 되었습니다. 옛날에는 거리가 멀면 물리적으로 못 간다는 말이 통했는데, 이제는 그 말을 할 수 없습니다. 정말 가야 하면 지구 끝이라도 며칠이면 갈 수 있고, 우리나라는 어디든 하루면 갈 수 있는 세상이 되었기 때문에 더 많은 일과 분주한 일상을 만들어버린 것입니다. 아이러니하게도 사람들이 만들어놓은 문명의 이기들이 우리를 더 힘들게 하고 쉬지 못하게 해버린 셈입니다. 그래서 우리는 지금 아주아주 바쁜 시대에 살고 있습니다.

분주한 만큼 성도의 기도가 빈약해져 가고 있다

문제는 그래서 우리의 기도가 아주 빈약해지기 시작했다는 것입니다. 이제 정말 기도할 시간이 없다는 말이 변명일 수만은 없는 그런 세상을 살게 된 것입니다. 기도원이라도 한번 가려면 엄청난 대가를 치러야 합니다. 직장에 월차를 내고, 가정에 동의를 얻어야 하고, 집안의 대소사도 점검하고, 기도원에 가 있는 동안에 있을 일들을 미리 처리해야 합니다. 기도원에 다녀온 다음에도 그간 산적한 일들을 처리해야 하기 때문에 점점 기도와 멀어지고, 기도원과 멀어지고, 부흥회와 멀어지고, 예배와 멀어지면서 그렇게 조용히 조금씩 포기하고 항복하다보니 더 이상 문제의식조차 느끼지 못하게 됩니다.

우리가 기도만 하려고 하면 어떤 일이 생각나고, 무언가 해야 할 것 같은 압박감 때문에 하나님께 기도하는 시간조차 빼앗겨 기도의 우선순위가 자꾸만 밀려가고 있습니다. 그러나 이제 더 이상 핑계를 대서는 안 됩니다. 분주하고 복잡한 이 세상 속에서도 기도하는 방법을 찾아내야만 합니다.

마귀는 어떤 면에서 우리보다 더 영특한 영물이기 때문에 어떤 것이 귀한지, 어떤 것이 무서운지, 어떤 것이 가치가 있는지 우리보다 더 잘 압니다. 우리가 생각하는 기도의 가치와 기도의 능력보다 마귀가 생각하는 기도의 능력과 기도에 대한 믿음이 더 큽니다. 우리가 기도를 못해서 느끼는 위기의식보다 우리가 기도할 때 느끼는 마귀의 위기의식이 더 크다는 것입니다. 그래서 죽기 살기로 우리가 기도하지 못하게 하고 있습니다. 왜냐하면 우리가 기도하면 자기에게 치명적인 일이 생긴다는 것을 아는 것입니다.

마귀는 예수 이름의 능력을 우리보다 더 잘 알고 있습니다. 우리는 예수의 이름이 그렇게나 능력 있다는 것을 알면서도 잘 안 써먹는데, 마귀는 이 예수의 이름의 능력과 가치를 너무 잘 압니다. 그렇기 때문에 사도행전에서도 사도들을 잡아다가 채찍질하고 예수의 이름으로 말하지 말도록 경고하였습니다.

또한 마귀는 우리보다 믿음의 가치를 더 잘 압니다. 우리는 믿다가도 우리 믿음이 식어지는 것에 별 위기의식을 느끼지 못하고 그럴 수 있다고 여깁니다. 그런데 1등 하던 학생이 50등으로 떨어졌는데, 그럴 수도 있는 일이고 다음에 시험 잘 보면 된다고 하고 넘어가나요? 이것은 뭔가 대단히 잘못되고, 무슨 일이 있는 것이고, 정상이 아닙니다. 믿음이 떨어졌는데 그것을 대수롭지 않아 하는 것은 죽기로 작정한 것입니다. 그러나 마귀는 우리의 믿음을 굉장히 크게 생각합니다. 우리의 믿음이 어느 정도의 가치와 능력이냐 하면 산을 바다에 던져버릴 수 있는 정도라는 것을 마귀는 잘 알고 있습니다.

우리가 이 영적인 혜택들, 예수 이름의 능력, 기도와 예배와 믿음의 능력과 가치를 지금 누리고 있는데, 정작 누리는 사람이 그 능력과 가치를 모르고 사용하지 않는다면 얼마나 원통하고 얼마나 불쌍합니까? 마지막까지 우리가 원수 마귀에게 빼앗기지 말아야 할 것은 살아 있는 진짜 믿음입니다. 기도와 예배와 복음 전하는 것을 포기하지 말아야 합니다. 그것을 지키기 위해서 나의 생명을 포기하는 한이 있어도 말입니다.

원수 마귀에 대한 가장 강력한 승리는 우리가 끝까지 예수를 믿는 것입니다. 이 땅에서 부자 되고, 높아지고, 능력 행하는 것이 아니라 이해할 수 없는 현실에서 끝까지 견디고 예수 이름으로 승리하여 끝끝내 천국에 들어가버리는 것입니다. 그러면 마귀가 너무나 억울해서 지옥에서 울부짖게 될 것입니다.

쉬지 말고 기도하라

이제 우리는 무시로 항상 기도하는 훈련을 해야 합니다. 물론 우리가 정해진 시간에 정해진 장소에서 하나님께 드리는 기도가 가장 강력하고 효과적입니다. 그러나 분주한 현대인에게 그것이 쉽지 않다면 우리는 '무시로' 기도해야 합니다.

성경은 우리에게 "쉬지 말고 기도하라"(살전 5:17)고 요구합니다. 그러면 우리는 성경이 굉장히 어렵고 우리가 할 수 없는 불가능한 것을 요구한다고 생각합니다. 그러나 말씀을 곱씹어 읽어보면 성경은 전부 일리가 있는 말씀이고, 우리가 할 수 있는 말씀으로 꽉 차 있습니다. 성경에는 우리가 우리 스스로 구원을 쟁취하라는 말이 한 구절도 없습니다. 그것은 우리가 할 수 없기 때문입니다. 그러나 성경은 우리에게 예수를 믿어서 너희 영혼이 건짐을 받으라고 이야기합니다. 우리가 예수를 믿을 수는 있다는 것입니다. 그러니까 우리가 예수 믿고 천국 가고, 예수 믿고 구원을 받는 것은 불가능한 일이 아닙니다.

우리가 이 땅에서 내 힘으로 할 수 있는 일이 그리 많지 않습니다. 성경도 우리에게 모든 일을 하라고 하지 않았습니다. 우리는 전능자가 아니기 때문입니다. 그러나 성경은 "내게 능력 주시는 자 안에서 내가 모든 것을 할 수 있느니라"(빌 4:13)라고 말씀합니다. 궤변인가요? 그냥 말에 불과한가요? 아닙니다. 분명한 전제 조건이 있습니다. 능력 주시는 자 안에 있으면 모든 것이 가능하다는 것입니다.

세상 사람들은 돈 없으면 못하고, 시간 없으면 못하고, 다른 사람이 도와주지 않으면 못합니다. 그러나 우리는 시간도 없고, 돈도 없고, 줄도 없고, 사람도 없지만 주님이 함께하시면 할 수 있다는 말입니다. 성경의 다윗, 모세, 요셉, 다니엘이 그랬습니다. 사도 바울도 그랬습니다. 사도 바울 역시 돈도 없고 힘도 없고 아무것도 없지만, 오직 예수 이름만 가지고 그가 뿌린 복음의 씨앗이 훗날 로마를 뒤집어놓았습니다. 주님은 우리에게 불가능한 것을 하라고 말씀하지 않습니다.

"오른빰을 치거든 왼빰을 돌려라, 속옷을 빼앗으려고 하면 겉옷까지 주고, 억지로 오 리를 가자고 하면 십 리를 가주고, 원수를 사랑하며 너희를 박해하는 자를 위하여 기도하라." 우리가 성경에서 이런 말씀을 들으면 보통 그 정도로 사랑하라, 그 정도로 넓은 마음을 가지고 살라는 것으로 이해합니다. 왜냐하면 우리는 못하는 일이기 때문입니다. 그러나 주님이 하신 말씀은 예를 들어서 하신 말씀이 아닙니다. 우리가 그런 상태가 아닐 뿐이지 그렇게 할 수 있습니다. 오른뺨을 맞고 왼뺨을 돌려댈 수 있는 사람이 이 세상에 있습니다. 과거에도 있었고, 지금도 있고, 앞으로도 있을 수 있습니다. 원수를 사랑하는 사람이 진짜 있습니다. 손양원 목사님은 자신의 두 아들을 죽인 원수를 자기 아들로 입적시켰습니다. 성경의 명령은 불가능한 것이 아닙니다. 이 지구상에는 그런 사람이 존재합니다.

만일 네 눈이 너를 범죄하게 하거든 빼버리라 한 눈으로 하나님의 나라에 들어가는 것이 두 눈을 가지고 지옥에 던져지는 것보다 나으니라

막 9:47

손이 너를 범죄하게 하거든, 발이 너를 범죄하게 하거든 손발을 잘라 장애인으로 천국에 들어가고, 눈이 너를 범죄하게 하거든 빼버리고 한 눈으로 천국에 들어가라는 이 말씀이 비단 천국을 그만큼 중요하게 여기라고 하신 말씀이 아닙니다. 진짜 그렇게 할 사람이 이 땅에도 있고, 저 북녘땅에도 있습니다. 죽는 순간까지 예수를 포

기하지 않는 자가 있습니다. 저 북녘 땅에도 예배하는 사람이 있고, 예수를 전하는 사람이 살아 있습니다. 때를 얻든지 못 얻든지 말씀을 전파하라는 말씀도 그 정도로 열심히 하라는 말씀이 아니라 우리가 할 수 있는 것입니다. 우리도 할 수 있는데 믿음이 없어서 못하고 있는 것뿐입니다.

쉬지 말고 기도하라 살전 5:17

그렇다면 우리도 성경의 이 말씀을 액면 그대로 받아야 합니다. 그 정도로 열심히 기도하라는 것이 아니고, 진짜 쉬지 않고 기도할 수 있기 때문에 그렇게 말씀하셨다고 받아들이는 것입니다.

쉬지 말고 기도하는 것은 불가능한가?

또 나를 위하여 구할 것은 내게 말씀을 주사 나로 입을 열어 복음의 비밀을 담대히 알리게 하옵소서 할 것이니 이 일을 위하여 내가 쇠사슬에 매인 사신이 된 것은 나로 이 일에 당연히 할 말을 담대히 하게 하려 하심이라 엡 6:19-20

바울은 로마 감옥에 있습니다. 지금 로마 감옥에 있는 바울이 에

베소 교회들에게 편지를 보내면서 말하기를 자신을 위해 무엇을 구하라고 합니까? 바울은 자신의 석방을 위해 구하라고 하지 않았습니다. 그는 자신이 이 감옥에서 복음의 비밀을 담대히 전하도록 이 일을 위해 쇠사슬에 묶인 사신(하나님나라의 전령)이 되었으니 당연히 할 말을 하도록 구하라고 합니다. 감옥에서도 기도가 가능하고, 감옥에서도 전도가 가능하고, 감옥에서도 예배가 가능합니다. 저 북녘땅에서도 마찬가지입니다.

> 모든 기도와 간구를 하되 항상 성령 안에서 기도하고 이를 위하여 깨어 구하기를 항상 힘쓰며 여러 성도를 위하여 구하라 엡 6:18

우리는 여기서 '항상'이라는 말에 주목해야 합니다. 기도는 항상 하는 것입니다. 기분이 좋으면 하고, 내키면 하고, 시간이 있고 충만하면 하고, 그렇게 하지 말고 "항상 성령 안에서 기도하고, 깨어서 구하기를 항상 힘쓰라"라고 합니다. 바울은 이 말씀대로 그렇게 살고 있습니다. 바울은 감옥 안에서도 기도와 전도를 쉬지 않았습니다. 깨어서 기도하다보니 전도할 사람이 보입니다. 깨어서 기도하다보니 자신이 왜 이곳에 있는지 알게 되어 원망이 아니라 찬송이 시작됩니다. 놀랍지 않습니까?

바울은 감옥에 들어가서도 복음을 전합니다. "항상 기도하라"는 것은 오늘 우리에게 주신 하나님의 명령입니다. 항상 기도하는 것은 시간이 없으니까 기도하고, 바쁘니까 기도하고, 여유가 없으니까 기도하고, 컨디션이 안 좋으니까 기도하고, 아파서 병원에 가야 하면 병원에 가서 기도하고, 전쟁터에 나가서 기도하고, 경기가 안 좋을 때 기도하고, 경기가 좋으니까 기도하고, 마음이 아프니까 기도하고, 요새 힘드니까 기도하고, 항상 무시로 쉬지 말고 기도하는 것입니다.

예수님도 그러셨고, 바울도 그랬고, 우리와 같은 성정을 가진 엘리야도 그랬다면 우리도 그럴 수 있습니다. 기분 따라 예수 믿으면 큰일납니다. 환경 따라 기도하면 안 됩니다. 쉬지 말고 항상 기도해야 합니다. 이것이 우리를 움직이는 동력입니다.

무시로 기도하는 방법

우리가 항상 기도해야 한다는 것을 알았다면 이제 그것을 실행해야 합니다. 무시로 기도하기에 도전해야 합니다.

1. 항상 마음을 하나님을 향하여 두라

첫째, 항상 마음을 하나님께로 향해야 쉬지 않고 기도할 수 있습니다. 틈만 나면 하나님을 구하고 찾고 24시간을 주님과 연결시킬 수 있으면 쉬지 않고 기도하는 것이 가능합니다.

영어를 공부하려는 사람은 강의실에서만 공부하지 않습니다. 공원에서도 공부하고, 카페에서도 공부하고, 지하철에서도 공부합니다. 제가 아는 사람은 영어를 잘하려고 마음을 먹더니 이어폰을 귀에 끼우고 살았습니다. 귀가 헐도록 이어폰을 끼우고 공부하더니 결국 영어의 대가가 되었습니다. 무슬림은 하루에 다섯 번 새벽, 일출, 정오, 오후, 일몰에 기도합니다. 해마다 40일간 라마단 기간에 금식하며 기도에 매진합니다.

항상 깨어서 기도하려면 우리의 생각을 빼앗기지 않는 길밖에 방법이 없습니다. 우리는 잠이 들면 의지와 마음이 완전히 무장해제됩니다. 그러니 깨어서 기도하라는 말씀은 어디서 무엇을 하든지 기도하는 일에 집중하고 기도에 우선순위를 두라는 것입니다. 쉬지 않고 기도하려면 하나님과의 끈을 놓지 말아야 합니다.

2. 일상에서 눈을 뜨고 기도할 수 있다

둘째, 무시로 기도하기 위해서는 일상 속에서 눈을 뜨고 기도할 수도 있습니다. 여기서 오해하지 말아야 할 것은 예배당에 와서 눈 감고 부르짖어 기도할 수 있는데도 거리를 헤매고 다녀서는 안 됩니다. 여건과 상황과 시간이 된다면 예배당에 와서 작정하고 부르짖어 기도하는 것이 가장 강력합니다.

일상에서 눈을 뜨고 기도할 수 있다고 해서 이것을 핑계로 다른 일로 기도를 정당화해서는 안 됩니다. 일상에서 눈을 뜨고 마음으로 기도하는 것이 골방에서 무릎으로 기도하는 것을 대신할 수는 없습니다. 물론 기도를 안 하는 것보다 낫고, 일상에서 쉬지 않고 눈을 뜨고 기도하는 버릇을 가지면 결국은 예배당이나 골방에서 드리는 정한 기도로 이어지게 될 것입니다. 무시로 눈을 뜨고 기도하다보면 그것이 일방적인 간구가 아니라 주님의 뜻이 들려오기도 하고, 삶이 더욱 경건해지고 지혜로워지며, 사람에게 휘둘리지 않는 능력도 생깁니다.

3. 화살기도를 드려라

셋째, 무시로 기도하는 것은 곧 화살기도를 드리는 것입니다. 사실 화살기도는 중세 또는 중세 이전부터 모이게 된 사막의 교부들, 수도사들에 의해 발전된 기도의 한 형태입니다. 이것은 한 문장의 형태로 주님께 간청하는 것으로 땅에서 하늘로 화살을 쏘거나, 혹은 화살처럼 신속한 응답을 바라는 기도라고 합니다. 짧은 문장으로 강렬하게, 하나님께 위급한 상황, 혹은 간절한 기도를 드리는 것입니다.

길을 잃었을 때 “주님, 어디로 갈까요?”, 계약을 앞두고 있을 때 “주님, 어떻게 할까요?”, “주님, 이제 면접을 보러 갑니다”, “약속에 늦었습니다. 주님, 어떻게 할까요?” 등등 본능적인 기도가 나올 때가 있습니다. 저도 종종 사용하는데, 저는 설교를 준비하다가 딱 막히는 순간에 기도를 합니다. 아무것도 떠오르지 않을 때 “하나님!” 그러면 30초도 안 되어서 성경의 어떤 구절이 떠오르든지, 어떤 예화가 생각나거나 제가 겪었던 일들을 생각나게 해주셔서 설교가 다시 풀어지기 시작했습니다. 하나님께서 지난 수십 년 동안 단 한 번도 이 기도를 외면하신 적이 없습니다.

제가 신대원 시험을 볼 때 유독 시험 과목이 많고 까다로웠습니다. 그래서 엄청 고생하면서 준비를 했는데, 마침 준비해간 주제로 시험이 나와 우르과이 라운드를 주제로 논술을 작성하고 있었습니다. 그것도 50분 안에 다 기록을 해야 하니까 생각할 겨를도 없이 쓰기에도 바빴습니다. 그런데 3분의 2 정도 썼을 때 머릿속이 하얘지면서 아무것도 생각이 나지 않았습니다. 한 5분 이상 가만히 있었는데 "주님, 주님, 주님!" 그때 손에 땀이 날 만큼 간절히 하나님을 찾고 기도했습니다. 마침내 실타래에서 실 한 올이 풀리듯이 다시 생각이 나서 술술 풀리기 시작했습니다.

그때 그 5분이 저에게 5시간 같았습니다. 다 쓰고 나서 주변을 둘러보니 절반 쓰고 벌벌 떠는 사람, 마지막으로 한 글자라도 더 쓰려고 안간힘을 쓰는 사람들이 보였습니다. 그리고 마치는 시간이 되자 가차 없이 시험지를 거두어 갔습니다. 그때 그 화살기도가 저의 인생을 바꿨습니다. 모두 그런 경험이 있을 것입니다.

무시로 기도하라

말씀을 들을 귀가 있는 자는 들어야 합니다. 말씀을 들었으면 실천해야 합니다. 우리는 무시로 기도하기가 거룩한 습관이 되도록 실천해야 합니다. 항상 무시로 쉬지 않고 기도해야 합니다. 교회에 올 시간이 없고, 일상에서도 좀처럼 여유가 안 되는 사람도 하나님께 무시로 항상 쉬지 말고 기도하면, 그 기도가 쌓여서 기필코 시간과 장소를 쪼개어 하나님 앞에 기도하기 위해 기도의 골방을 찾게 될 것입니다.

우리는 그 어떤 일보다 기도를 최고 최우선에 놓고 아침에 눈을 뜰 때부터 예수의 이름으로 일어나서 기도로 하루를 시작하고, 마지막 잠자리에 들 때까지 감사의 기도로 하루를 마감해야 합니다. 어떤 사람은 하루 20시간을 깨어 있고, 어떤 사람은 17-18시간을 깨어 있을 텐데, 이 시간에 온통 우리 하나님께 쉬지 말고 기도하고, 항상 기도하고, 범사에 기도하고, 화살기도를 하십시오.

다른 데 시간을 빼앗기지 말고 성령 안에서 기도하고, 깨어서 구하기를 항상 힘쓰라고 하신 말씀을 붙잡고 기도하십시오. 거룩한 기도의 습관으로 가득 찬 상태로 하나님께 나온다면 기도의 불이 떨어지고, 원수를 사랑할 수 있게 된다고 믿습니다. 분별이 확실해져서 내가 말해야 하는지 아닌지, 내가 가야 하는지 아닌지, 어떻게 말하고 어떻게 행동해야 하는지가 명확해져서 원수 마귀를 대적할 능력 있고 깨어 있는 성도가 될 것입니다. 무시로 기도하는 거룩한 습관을 통해서 우리는 사탄의 공격을 봉쇄하고 우리의 마음과 생각을 지킬 수 있습니다. 반드시 깨어 있으시기 바랍니다.

14

목적 있는 기도

누가복음 18:1–8

지난날 우리 어머니들이 가난하고 무시를 당하고 배우지 못한 그 열악한 환경에서도 자살한다든지, 이혼한다든지, 자식을 버리고 도망친다든지 그런 일에 엄두를 내지 않고 견뎠던 이유가 있습니다. 그것은 '내가 포기하면 우리 자식들이 죽는다'라는 책임감이고, 그것이 어머니에게 버티는 힘이 되었습니다. 그리고 결국은 이 나라를 여기까지 만든 것입니다. 그때와 비교할 수 없이 좋은 조건을 가졌는데도 불구하고, 요즘은 왜 너무 쉽게 삶을 포기해버리는 것일까요? 목적이 상실된 세상을 살고 있기 때문입니다.

목적이 있는 사람은 흔들리지 않습니다. 넘어지거나 포기하지 않습니다. 넘어지더라도 다시 일어섭니다. 고종 황제의 아버지 흥선대원군은 구한말 섭정으로 시대를 풍미했던 인물입니다. 그는 본래 안동 김 씨의 세도정치를 끝내고 왕권을 바로 세워야 한다는 자신의 야심을 들키지 않기 위해서 일부러 시정잡배와 어울리며, 세도가들의 가랑이 사이를 기며 참고 자신의 때를 기다렸습니다. 그의 마음속에 목적이 분명히 있었기 때문입니다. 그리고 마침내 자신의 유약한 아들을 왕으로 세워 정치적 실권을 잡게 됩니다. 결국 목적이 분명하니까 과하지욕(胯下之辱), 가랑이 밑을 기는 굴욕을 참아도 그것이 부끄럽거나 수치스럽지 않고 상처가 되지 않습니다. 이것이 목적이 선명한 사람의 특징입니다.

목적이 있으면 포기하지 않는다

예수님이 비유로 말씀하신 한 맺힌 한 과부의 이야기입니다.

> 이르시되 어떤 도시에 하나님을 두려워하지 않고 사람을 무시하는 한 재판장이 있는데 그 도시에 한 과부가 있어 자주 그에게 가서 내 원수에 대한 나의 원한을 풀어 주소서 하되 눅 18:2-3

이 여인은 목적이 분명했습니다. 원수에 대한 자신의 원한을 풀어야겠다는 것입니다. 그런데 이 원한을 풀 수 있는 열쇠를 쥐고 있는 재판장이 있는데, 그는 하나님을 두려워하지도 않고 사람을 무시하는 불의한 재판장이었습니다. 여인은 그 재판장에게 자주 밤낮으로 가서 자기의 원한을 풀어달라고 사정했습니다. 재판장이 어느 날이 여인이 끈질기게 매달리니 너무 번거로워 살 수가 없으니 여인의 청을 들어줘야겠다고 말합니다. 예수님은 하물며 불의한 재판장도 이렇게 말하는데, 선하신 하나님이 밤낮 부르짖는 너희들의 기도를 들어주시지 않겠느냐고 말씀하십니다.

이 여인은 그냥 기도한 것이 아닙니다. 여인은 시간이 나서 기도하거나 자존심 때문에 기도한 것도 아닙니다. 돈도 목적이 아니었습니다. 원한을 풀지 않고는 죽을 수도 없어서 거기에 전부를 걸고 포기하지 않고 기도한 것입니다. 인생의 가장 중요한 목적을 거기 두었기 때문입니다.

한나도 원통함으로 기도했습니다. 첩은 자식을 쑥쑥 낳는데 자신에게 자식을 안 주시니 밤낮으로 성전에 엎드려 기도하자 하나님이 그 기도를 들어주시지 않았습니까? 귀신들린 딸을 둔 가나안 여인도 원통함으로 기도할 때 이방 여인이라고 개 취급을 받아도 상처가 되지 않았습니다. 왜냐하면 누구도 자신의 딸을 고칠 수 없고 오직 예수님만이 고치실 수 있기 때문에 무시를 당하더라도 예수님께 딸을 고쳐달라고 매달린 것입니다. 여인의 목적이 예수님을 만나 구원을 받는 것이라면 다른 것 때문에 상처받지 않습니다. 그러니 예수님도 "네 믿음이 크도다 네 소원대로 되리라" 하고 고쳐주셨습니다.

믿음이란 거창한 것이 아닙니다. 포기하지 않는 것이 믿음입니다. 예수님도 끝까지 견디는 자는 구원을 받는다고 말씀하셨습니다. 자식을 포기하지 말고, 남편을 포기하지 말고, 아내를 포기하지 말고, 이 나라를 포기하지 말고, 교회를 포기하지 말고, 응답을 포기하지 않으면 하나님께서 반드시 포기하지 않는 자에게 응답을 주십니다.

예수님을 만나면 능력이 된다

한국 사람에게는 특징이 세 가지가 있습니다. 첫째, 한국 사람은 체면을 굉장히 중요하게 생각합니다. 냉수 먹고 이를 왜 쑤십니까? 저도 어릴 때 거짓말을 많이 했습니다. 어려도 자존심이 있고 체면이 있어서 친구 집에 갔다가 밥때가 되어 밥 먹고 가라고 그러면 배는 고프지만 일찍 먹었다고 합니다. 둘째, 한국 사람은 정(情)이 있습니다. 미운 정, 고운 정이라고 해서 심지어 미워서 투닥거리다가 정이 붙는다는 것이 우리나라만이 갖는 문화입니다. 셋째, 우리나라는 한(恨)의 문화를 가지고 있습니다. 체면, 정, 한은 나쁘게 보면 우리나라 발전에 그다지 도움이 되지 않을 것 같습니다. 그런데 이것을 좋게 풀면 굉장한 에너지가 됩니다. 체면이 있는데 무시당하는 것을 견딜 수 없으니까 밤새 일을 끝마칩니다. 자존심이 강하니까 남을 이길 수 있는 월등한 에너지가 나오는 것입니다. 정은 사랑이니까 역시 좋은 에너지가 됩니다.

특별히 한을 품는다는 것은 좋게 풀면 에너지가 되지만 나쁘면 상처가 됩니다. 이 상처가 마귀를 만나면 사망이 되고, 예수님을 만나면 능력, 힘, 에너지가 됩니다. 요셉은 형제에게 버림받은 상처가 많은 인생이었습니다. 그런데 그것이 에너지가 됩니다. 다윗도 집안에서 인정받지도 못하고 양을 쳤고, 10년 동안 광야에서 자신의 장인에게 쫓겨 다닌 상처투성이였지만 하나님을 제대로 만나니까 엄청난 에너지가 생기고, 동굴에서 보낸 많은 세월이 훗날 이스라엘을 세우는 건국의 에너지가 되었습니다.

우리가 기도의 자리에 나올 수 있는 것도 자신이 가진 상처, 아픔, 문제, 한 때문이었지만 예수님을 만나니까 그것이 구원의 능력이 되고, 믿음의 능력이 되고, 전도의 능력이 되고, 응답의 능력이 된 것입니다. 우리는 하나님을 원망할 필요가 없습니다. 하나님께서 우리에게 다 필요해서 주신 것입니다. 가난을 원망하지 마십시오. 환경의 어려움이나 타고난 조건을 탓할 필요가 없습니다. 예수님을 만나서 지금 이 자리에 있다는 것이 중요한 것입니다. 그것이 어느새 나를 버티게 하는 힘과 에너지가 되어 강력한 의지로 나타나게 됩니다.

목적 있는 기도는 중언부언이 아니다

기도도 마찬가지입니다. 목적이 선명하고 분명한 기도가 강력한 기도요, 응답받는 기도요, 마귀가 말릴 수 없는 기도입니다. 성경에는 기도할 때에 중언부언하지 말라고 했습니다. 목적 없는 기도가 바로 중언부언입니다. 그런데 예수님이 중언부언하지 말라고 하신 것은 같은 내용으로 반복해서 기도하지 말라는 뜻이 아닙니다. 예수님도 겟세마네 동산에서 똑같은 기도를 세 번 하셨습니다. 같은 말을 계속해서 기도하는 것이 중언부언이 아니라 왜 기도하는지도 모르는 의미 없는 읊조림으로 계속해서 구하는 것을 금하신 것입니다.

우리가 응답받기 위해서는 먼저 목적을 분명히 하고 기도해야 합니다. 남이 하니까 기도하지 말고, 체면 때문에 기도하지 말고, 의미 없이 기도하지 마십시오. 우리가 교회 다니면서 30년 동안 매주 주기도문을 했습니다만 응답이 없다면 그것은 예배 순서 중에 하나라고 여기고 했기 때문입니다. 우리가 식사기도할 때 정말 그 음식을 주신 하나님께 감사해서 기도한 것이 몇 번이나 있을까요? 분명히 북한 지하교회의 굶주린 성도들이 드리는 기도와 우리의 기도가 다를 것입니다. 그만큼 우리는 불현듯 기도는 그냥 해야 되니까 할 때가 많다는 뜻입니다.

예수님과 사도 바울은 반복되는 기도를 통해 응답을 받았습니다. 예수님은 겟세마네에서 이 잔을 내게서 지나가게 해달라고 기도하셨습니다. 세 번이나 절박하게 기도하셨지만 하나님께서는 침묵하셨습니다. 그러나 응답하셨습니다. 어떤 응답이냐 하면 하나님의 뜻대로 십자가를 질 수 있는 능력을 이미 주신 것입니다. 사도 바울도 자기 육체의 가시가 떠나도록 세 번이나 주께 간구했습니다. 그러나 하나님은 육체의 가시를 없애주는 대신 바울에게 그 고통에 대한 해석을 주셨습니다.

여러 계시를 받은 것이 지극히 크므로 너무 자만하지 않게 하시려고 내 육체에 가시 곧 사탄의 사자를 주셨으니 이는 나를 쳐서 너무 자만하지 않게 하려 하심이라 이것이 내게서 떠나가게 하기 위하여 내가 세 번 주께 간구하였더니 나에게 이르시기를 내 은혜가 네게 족하도다 이는 내 능력이 약한 데서 온전하여짐이라 하신지라 그러므로 도리어 크게 기뻐함으로 나의 여러 약한 것들에 대하여 자랑하리니 이는 그리스도의 능력이 내게 머물게 하려 함이라 고후 12:7-9

그 후로 바울은 더 이상 이 기도를 하지 않았습니다. 더 이상 그 아픔 때문에 하나님께 매달리지 않고 오히려 하나님께 감사했습니다. 예수님의 기도와 바울의 기도는 모두 동일한 세 번의 기도였습니다. 하나님은 이 믿음의 기도에 두 가지로 응답해주셨습니다. 첫째, 하나님은 고난의 문제를 해결해주기도 하시지만, 그 고난을 감당할 능력을 주십니다. 그것이 하나님의 응답입니다. 둘째, 하나님은 내가 처한 상황을 해석해주셔서 내 영혼을 살리십니다. 그 문제 때문에 하나님께 더 붙들려 기도하게 하시고, 더 믿음이 생기게 하시는 응답을 주시는 것입니다.

목적 있는 기도를 드려야 지치지 않는다

목적 있는 기도를 드려야 지치지 않고, 강력한 기도를 쉬지 않고 드릴 수 있고, 마귀의 참소를 이길 수 있습니다. 목적 있는 기도란 구체적으로 세 가지 기도입니다.

1. 하나님의 뜻에 맞는 기도

첫째, 목적이 있는 기도란 하나님의 뜻에 맞는 기도입니다. 예수님이 기도할 때 가장 먼저 고려하신 것은 아버지 하나님의 뜻입니다. 내 뜻이 아닌 아버지의 뜻대로 되기를, 아버지의 뜻이 하늘에서 이룬 것처럼 땅에서도 이루어지기를 기도하셨습니다.

안호성 목사님의 책에 "생각대로 되지 않는 건 참 멋진 일이다"라고 하는데, 생각대로 안 되는데 뭐가 멋진가요? 내 뜻대로 되어야 좋은 것 아닌가요? 여기에 기가 막힌 전제가 깔려 있습니다. 아마 이 말은 산전수전 다 겪고 나온 말일 텐데, 내 인생이 내 뜻대로 되었으면 우리는 이 자리에 없고 다 지옥에 갑니다. 내 뜻대로 되는 것이 아니라 아버지의 뜻대로 되어야 우리가 삽니다. 내 뜻이 아니라 아버지의 뜻대로 되어야 그 인생이 복된 인생입니다. 복음성가에도 "하나님의 꿈이 나의 비전이 되고, 예수님의 성품이 나의 인격이 되고, 성령님의 권능이 나의 능력이 되기를 원하고 바라고 기도합니다"라는 가사가 있듯이 우리가 아버지 하나님의 뜻이 이루어지기를 위해서 기도하는 것이야말로 진짜 기도입니다.

우리 기도의 목적을 분명히 해야 합니다. 우리의 기도의 목적은 나의 유익이 아닙니다. 하나님의 뜻과 하나님의 계획이 나의 기도를 통해서 이 땅에 이루어지는 것입니다. 전쟁터에 나간 군인도 자기가 죽고 사는 것이 목적이 아닙니다. 전쟁에 승리하는 것이 목적이 되어야 정상적인 군인입니다. 비록 평소에는 그런 생각을 안 하지만 일단 전쟁이 일어나면 내가 죽더라도 나라를 살려야 하는 것이 군인의 숙명이고, 내가 죽더라도 이 전쟁에서 이기는 것이 군인의 목적이 되어야 합니다. 하나밖에 없는 생명을 나라를 위해서 건 사람이 무엇이 무섭겠습니까?

우리는 이 땅이 전부가 아닙니다. 우리에게는 조국이 둘입니다. 대한민국과 하나님나라입니다. 우리에게는 아버지가 두 분입니다. 육신의 아버지와 하늘에 계신 우리 아버지입니다. 우리에게는 가족이 둘입니다. 혈연으로 맺어진 육체의 가족과 영적인 가족입니다. 우리에게는 목숨이 둘입니다. 이 땅의 생명과 하나님이 주신 생명이 있습니다. 그런데 하나님의 뜻이 성취될 수만 있다면 나의 불이익, 나의 수치, 나의 고통, 나의 죽음도 유익하다고 고백합니다.

> 나의 간절한 기대와 소망을 따라 아무 일에든지 부끄러워하지 아니하고 지금도 전과 같이 온전히 담대하여 살든지 죽든지 내 몸에서 그리스도가 존귀하게 되게 하려 하나니 이는 내게 사는 것이 그리스도니 죽는 것도 유익함이라 빌 1:20-21

이제 우리는 그 어떤 것도 부끄러워하지 않습니다. 내가 살든지 죽든지 내 몸에서 그리스도가 존귀하게 되고, 내가 죽는 것도 유익한 사람, 내가 죽어서 영광인 사람, 나를 버려서 영광인 사람이 되었기 때문입니다.

우리에게는 우선순위가 있습니다. 하나님나라가 우선입니다. 사실 사도 바울은 로마의 시민권자로서 로마법을 따라야 했습니다. 그러나 그는 로마법을 어겼습니다. 이것은 그의 고집이 아니라 하나님의 법이 우선이기 때문입니다. 절대로 로마 황제를 숭배할 수 없습니다. 그의 인생의 주인은 예수밖에 없습니다. 그가 충성할 분은 한 분밖에 없고, 그가 충성할 나라도 하나밖에 없고, 그가 바쳐야 할 생명도 하나밖에 없었습니다. 우리도 하나님을 위하여, 하나님의 나라를 위하여 우리의 전부를 걸고 달려가야 한다는 것을 분명히 해야 합니다.

> 아무든지 나를 따라오려거든 자기를 부인하고 날마다 제 십자가를 지고 나를 따를 것이니라 눅 9:23

2. 하나님의 일을 대신 수행하기 위한 기도

둘째, 목적 있는 기도란 하나님의 일을 대신 수행하기 위한 기도입니다.

오직 성령이 너희에게 임하시면 너희가 권능을 받고 예루살렘과 온 유대와 사마리아와 땅 끝까지 이르러 내 증인이 되리라 하시니라 행 1:8

이것은 원래 예수님이 하려고 하신 일이었습니다. 예수님은 세상 끝까지 가서 복음을 전하려고 하셨습니다.

이르시되 우리가 다른 가까운 마을들로 가자 거기서도 전도하리니 내가 이를 위하여 왔노라 하시고 막 1:38

그러기 위해 누군가를 전도하고, 가르치고, 훈련하고, 친히 제자를 삼으시고, 그들이 가르쳐준 말씀대로 살아가도록 몸소 본을 보여주셨습니다. 그리고 십자가에 달려 죽으시고 부활하시고 하늘에 올라가시면서 이 일을 우리에게 위임하셨습니다. 성령을 받은 제자들에게 예수님을 대신하여 복음을 전파하고, 예수님을 대신하여 귀신을 쫓아내고, 예수님을 대신하여 세상에 대항하여 싸우라고 하신 것입니다. 예수님은 그 일을 할 자들을 남겨놓고 가셨습니다. 그들이 제자들이었고, 지금 우리도 그 일을 하고 있습니다.

그래서 제자들의 기도도 한결같았습니다. 목적 있는 기도란 그런 주님의 뜻이 이 땅에 이루어지도록 기도하는 것입니다. 주님의 꿈대로 지상복음화를 위하여 교회가 세워지도록 기도하고, 잃어버린 영혼이 구원을 받고, 하나님의 나라와 그의 의를 위해 기도하면 하나님께서 그 모든 것을 더해주시는 것입니다. 인생의 승리자, 세상의 패권자가 되는 것입니다. 그러므로 우리는 아버지 하나님께서 하시고자 하는 일들이 나를 통해서 이 땅에 이루어지도록 기도해야 합니다.

그러면 나는 나이가 많아 늙었고, 나는 능력이 안 되고, 나는 전 세계는커녕 제주도도 못 간다고 하는데, 걱정하지 마십시오. 우리가 기도로 싸우면 됩니다. 아론과 훌은 아말렉과 싸우지 않았습니다. 그러나 모세를 도와 기도한 아론과 훌이 없었으면 이스라엘은 아말렉을 이기지 못했을 것입니다. 우리가 하나님의 뜻과 계획과 일들이 이 땅에 이루어지기를 위해서 기도할 때 하나님께서 모든 것이 합력하여 선이 이루어지게 하실 것입니다.

엘리야가 갈멜산에서 하나님께 이렇게 기도합니다.

> 저녁 소제 드릴 때에 이르러 선지자 엘리야가 나아가서 말하되 아브라함과 이삭과 이스라엘의 하나님 여호와여 주께서 이스라엘 중에서 하나님이신 것과 내가 주의 종인 것과 내가 주의 말씀대로 이 모든 일을 행하는 것을 오늘 알게 하옵소서 여호와여 내게 응답하옵소서 내게 응답하옵소서 이 백성에게 주 여호와는 하나님이신 것과 주는 그들의 마음을 되돌이키심을 알게 하옵소서 하매 왕상 18:36-37

엘리야는 자신이 하는 이 일들이 자기 체면이나 자기 영광을 위해서 하는 것이 아니며, 이 모든 일이 주의 말씀대로 이루어지고 있음을 알게 해달라고 기도합니다. 우리가 차별금지법을 막고 이 나라가 음란화되는 것을 막고자 하는 것이 우리의 체면이나 내 자식만 제대로 키우자고 하는 소극적인 이유가 아니라 하나님의 뜻이 분명합니다. 지금 이 세상이 하나님이 꿈꾸는 세상이겠습니까? 우리가 이 세상을 위해 기도함으로 저항하고, 행동하고, 응답받고, 하나님께서 그 일을 막기 위해 우리의 기도를 사용하신다는 것을 믿고 나아가야 합니다. 이것이 하나님께 목적이 분명한 기도입니다.

> 모든 백성이 보고 엎드려 말하되 여호와 그는 하나님이시로다 여호와 그는 하나님이시로다 하니 왕상 18:39

하나님께서 엘리야의 기도에 불로 응답하신 후 백성들의 반응을 보면 어느 누구도 엘리야가 했다고 엘리야를 높이지 않고 하나님을 높입니다. 이것이 진정한 기도의 열매입니다. 목적 있는 기도의 응답은 누구도 하나님이 하셨다는 것을 부정하지 못하게 합니다.

3. 하나님이 목적인 순전한 기도

셋째, 목적 있는 기도란 순전한 기도, 즉 순수한 기도입니다. 오직 하나님만이 목적인 기도입니다. 성경의 모든 위대한 하나님의 사람들은 특징이 있습니다. 그것은 어쩌다 복을 받고, 어쩌다 왕이 되고, 어쩌다 쓰임 받고, 어쩌다 능력을 받았다는 것입니다. 그들은 부자가 되게 해달라고 기도한 적도 없고, 왕이 되게 해달라고 기도한 적도 없습니다. 그들의 목적은 부자가 되는 것도 아니고 왕이 되는 것도 아니었습니다.

아브라함은 순종만 했는데, 어쩌다 믿음의 조상, 열국의 아비가 되었습니다. 아브라함이 큰 부자가 되기를 구하지 않았고, 그저 하나님만 바라보고 왔는데 부자가 되었습니다. 부자가 되고 나서도 변한 것이 없고 겸손합니다. 하나님이 그의 목적이기 때문입니다. 그러나 어떤 사람은 변합니다. 사울의 경우 왕이 되고 나서 변했습니다. 그러나 하나님의 영이 떠난 후에도 그는 여전히 왕이었습니다. 하지만 그는 이미 왕이 아니었습니다. 그의 목적이 하나님이 아닌 순간 그는 즉시 끝나버렸습니다. 하나님은 이미 하나님이 인정하신 진짜 왕에게 기름을 부으셨습니다.

다윗이 왕이 될 목적으로 골리앗과 싸우러 나간 것이 아닙니다. 자기가 죽을 수도 있었습니다. 그러나 다윗은 나 하나쯤 어떻게 되더라도, 그것을 누가 알아주지 않아도 하나님이 모욕당하시는 것을 견디지 못하고 나가 골리앗을 이겼습니다. 이것이 하나님께서 다윗을 왕으로 삼으신 비결입니다.

어쩌다 부자가 되고 어쩌다 왕이 되고 어쩌다 능력을 받았습니다. 그런데 그것이 진짜입니다. 어쩌다가 아니라 하나님이 해주셨습니다. 그렇기 때문에 다시 내려가도 여한이 없습니다. 하나님이 목적이었기 때문입니다. 하나님이 충분히 쓰시고 이제 그만하라고 해도 후회가 없습니다. 아웅다웅하거나 상처받았다고 떠들 필요도 없고, 억울하다고 할 필요도 없습니다. 에벤에셀의 하나님이 여기까지 도우셨으니 그것으로 만족하고 끝내면 됩니다. 얼마나 멋집니까.

그의 이름이 하나님나라에서 별과 같이 영원히 빛날 것을 믿는 성숙한 믿음이 있기를 바랍니다. 하나님이 목적인 사람의 기도는 순전한 기도입니다. 그 사람이 복을 받고, 그 사람이 쓰임 받고, 그 사람이 영원합니다. 하나님을 이용해보려고 들먹이지 마십시오. 사람은 속일 수 있지만 하나님은 절대로 속지 않고 우리의 동기를 보십니다. 우리가 왜 기도하는지, 무엇을 놓고 기도하는지 다 아시는 하나님 앞에 순전하게 매달려 기도하십시오. 그 목적의 기도를 들으시고 하나님께서 반드시 응답해주실 것을 믿습니다.

15

승리를 위한 중보기도

출애굽기 17:8-16

중보기도란 쉽게 말해서 나 자신을 위한 기도가 아니라 타인을 위한 기도입니다. 그런데 중보자와 중보기도자는 비슷하지만, 매우 큰 차이가 있습니다. 중보자는 하나님과 사람 사이에 서서 그 관계를 화해시키는 역할을 하는 존재입니다. 중보자는 자격을 갖추어야 합니다. 그래서 우리의 유일한 중보자는 예수님밖에 없습니다. 그런데 중보기도자는 누구든지 될 수 있습니다. 성경에도 여럿 등장합니다.

예수님은 중보자이시고, 육체로 계실 때에는 중보기도자이셨습니다. 요한복음 17장 전체가 제자들과 우리들을 위한 중보기도입니다. 그리고 예수님은 무수히 많은 기도를 하나님께 드렸습니다. 그러면 그 많은 기도가 어떤 기도였을까요? 예수님의 거의 모든 기도가 중보기도입니다. 예수님이 유일하게 자신을 위해 한 기도는 겟세마네 동산에서 마지막으로 하신 기도 정도입니다. 그러니까 예수님은 평생을 중보기도자로 사셨습니다.

언뜻 보면 모세도 중보자처럼 보입니다. 그가 이스라엘과 하나님 사이에 갈등이 생겼을 때 그것을 해결하는 것처럼 보이기 때문입니다. 그러나 그는 중보기도자입니다. 모세가 하나님과 이스라엘 백성들 사이에서 기도하고 하나님께서 그 기도를 들어주셨습니다.

다니엘도 중보기도자였습니다. 다니엘서 6장에 보면 그는 하루 세 번씩 기도했습니다. 어떻게 기도했느냐 하면 예루살렘으로 향한 창문을 열고, 하루 세 번씩 무릎을 꿇고, 늘 하던 대로 계속 기도했습니다. BC 604년경 다니엘이 바벨론 포로로 잡혀올 때 그는 십대였는데, 지금 고령의 총리가 되어서도 여전히 기도하는 것을 보면 그가 얼마나 오래 기도해왔는지 알 수 있습니다. 그가 포로로 잡혀올 때는 아직 남유다가 완전히 망하지 않았지만, 그 뒤로 약 20년이 흘러 586년에 유다가 멸망합니다. 그러니까 이스라엘이라는 나라 자체가 아예 없어져버린 것입니다.

그런데도 그는 포기하지 않고 이스라엘의 회복을 위해 기도했습니다. 마침내 고레스가 칙령을 내려 70년 만에 다시 예루살렘으로 귀환하게 되는 대역사가 일어나게 된 것입니다. 이것은 우연한 일이 아닙니다. 첫째, 하나님이 약속하신 예언의 성취이며, 둘째, 수많은 중보기도가 쌓여서 이루어진 것입니다.

마리아도 중보기도자입니다. 가톨릭은 마리아를 중보자로 믿는데 마리아는 절대 중보자가 될 수 없습니다. 오직 예수님만이 중보자이십니다. 요한복음 2장에서 마리아는 예수님께 문제를 해결해 달라고 구하는 존재이지 마리아가 물로 포도주를 만든 것이 아닙니다. "너희에게 무슨 말씀을 하시든지 그대로 하라." 마리아는 예수님이 어떤 감당할 수 없는 말씀을 하시더라도 하인들이 순종할 수 있도록 도운 것뿐입니다. 그러니까 중보자는 예수님밖에 없지만 중보기도자는 성경에 많았다는 것입니다.

임금들과 높은 지위에 있는 사람을 위해 기도하라

우리는 큰 기도를 해야 합니다. 큰 기도란 크게 소리를 높이라는 의미도 있지만, 기도의 범위에 제한을 두지 말고 기도하라는 것입니다. 우리는 나라와 민족과 위정자를 위한 기도를 드려야 합니다.

> 그러므로 내가 첫째로 권하노니 모든 사람을 위하여 간구와 기도와 도고와 감사를 하되 임금들과 높은 지위에 있는 모든 사람을 위하여 하라 이는 우리가 모든 경건과 단정함으로 고요하고 평안한 생활을 하려 함이라 딤전 2:1-2

왜 임금들과 높은 지위에 있는 모든 사람을 위하여 기도해야 합니까? 그들이 마음에 들어서, 정치적으로 그들을 지지했기 때문이 아닙니다. 그들의 자리와 그들의 결정이 너무나 중요하고, 우리가 모든 경건과 단정함으로 고요하고 평안한 생활을 하려면 그들을 위해서 필수적으로 기도해야 한다는 것입니다.

이 땅에 사는 모든 사람들이 누구든지 교회에 와서 예배할 수 있고, 누구든지 자신이 믿는 바 신념대로 예수 그리스도를 전파할 수 있고, 누구든지 자신의 윤리와 상식과 도덕과 신념에 따라서 아닌 것은 아니라고 말할 수 있는 온전한 세상을 이루기 원하시는 하나님의 뜻대로, 그런 세상의 구조와 법과 제도 속에 살아야 우리가 편안한 삶을 살 수 있기 때문입니다.

결국 그들이 잘못하면 우리가 괴로우니까 그들이 정치를 잘하도록 하는 중보기도가 중요합니다. 그들이 결정을 잘 내려서 이 나라를 지켜내도록 기도하는 것이 중보기도자의 사명입니다. 우리는 의롭고 경건한 위정자와 정치인이 나오도록 기도해야 합니다.

하나님을 움직이는 기도

광야에 나온 이스라엘 백성들이 처음으로 마주한 적이 아말렉입니다. 그런데 이것이 왜 심각하냐 하면 지금 이스라엘은 400년 동안 종살이만 하고 전혀 싸워본 적 없는 오합지졸에 무기도 빈약합니다. 숫자로 보나 무기로 보나 전술이나 경험으로 보나 상대가 안 됩니다. 이길 수 없는 전쟁입니다. 이때 모세가 어떤 전략으로 이 전쟁에 임하는지 우리는 이것을 살펴보아야 합니다.

> 모세가 여호수아에게 이르되 우리를 위하여 사람들을 택하여 나가서 아말렉과 싸우라 내일 내가 하나님의 지팡이를 손에 잡고 산 꼭대기에 서리라 출 17:9

모세가 참 엉뚱한 결정을 합니다. 여호수아에게는 사람을 모집해서 나가 싸우라고 하고 자신은 산꼭대기에 올라가서 여호와의 지팡이를 손에 잡겠다는 것입니다. 이 전략이 어디서 나왔을까요? 모세의 머리에서 나왔을까요? 저는 하나님의 전략이라고 생각합니다. 인간의 전략으로는 항복할 것인가, 싸울 것인가, 이때 싸우기로 결정했으면 모든 남자는 싸우러 나가야 하고 모세도 나가서 힘을 보태야 합니다. 그러나 모세는 어찌된 일인지, 여호수아와 모집된 사람들만 싸움에 내보내고 자신은 산으로 올라가는 결정을 합니다. 모세가 죽음이 두려워서 전쟁이 무서워서 그런 것이 아니라 하나님이 이렇게 하라고 하셨을 것이라는 말입니다.

> 여호수아가 모세의 말대로 행하여 아말렉과 싸우고 모세와 아론과 훌은 산 꼭대기에 올라가서 모세가 손을 들면 이스라엘이 이기고 손을 내리면 아말렉이 이기더니 출 17:10-11

그랬더니 여호수아가 놀라운 순종을 합니다. 전혀 상대가 안 되는데, 나가면 죽는데, 모세의 말에 여호수아가 목숨을 걸고 전쟁에 나간 것입니다. 모세 역시 자신이 말한 대로 하나님의 지팡이를 손에 쥐고 산 꼭대기에 올라가 손을 들었습니다. 그런데 신기하게도 모세가 손을 들면 이스라엘이 이기고, 손을 내리면 이스라엘이 밀리는 것입니다. 이것이 물리적으로 가능합니까? 어떻게 손을 든다고 싸움에 이깁니까? 싸움을 잘해야 이기고, 숫자가 많아야 이기고, 무기가 월등해야 이기고, 용기가 용맹해야 이기지 않습니까?

그러면 이 원리가 무엇일까요? 손을 든다는 것은 어떤 뜻입니까? 모세가 손을 들고 가만히 있었을까요? 손을 들었다는 것은 모세가 하나님께 믿음으로 기도했다는 외적인 표현이 됩니다. 우리도 하나님 앞에 절실히 나의 기도와 나의 찬송과 나의 소원을 올려드리고 싶은데, 달리 표현할 길이 없으니까 손을 들지 않습니까? 모세가 손을 들었다는 것은 이 전쟁을 하나님께 맡긴다는 의미가 있습니다. 이 세상에서 일어나는 모든 전쟁은 사실 하나님의 손에 달려 있습니다. 다윗이 골리앗을 이긴 사건은 전쟁의 승패가 여호와의 손에 있지 칼과 창에 달린 싸움이 아니라는 것을 보여줍니다. 그것은 여호와의 이름, 곧 믿음에 달린 싸움이었습니다.

이 전쟁의 승패는 하나님을 움직이는 기도에 달려 있습니다. 그래서 모세가 손을 들면, 즉 기도가 강해지면 이기고, 모세가 손을 내리면, 즉 기도가 약해지면 패배하게 되었던 것입니다. 그러면 모세가 손을 내리고 싶어서 내리겠습니까? 손을 들면 이길 줄 알면서도 내려오는 것입니다. 모세의 타들어가는 심정이야 계속 손을 들고 있고 싶겠지만, 그는 고령이고 체력적으로 한계가 있습니다. 들었던 손도 시간이 지나면 중력에 의해 내려가는 것을 무슨 수로 막겠습니까? 바로 그럴 때 합심하여 기도하는 것이 힘이 됩니다.

합심기도의 능력

그때 등장한 아론과 훌이 피곤한 모세를 돌 위에 앉힌 다음 모세의 양쪽에서 모세의 팔을 붙들어 올려 해가 지도록 모세의 손이 내려오지 않게 한 것입니다. 두 사람의 역할을 통해서 모세와 이스라엘 모두가 승리하게 되는 역사가 일어난 것입니다.

> 이와 같이 성령도 우리의 연약함을 도우시나니 우리는 마땅히 기도할 바를 알지 못하나 오직 성령이 말할 수 없는 탄식으로 우리를 위하여 친히 간구하시느니라 롬 8:26

성령께서도 우리를 위하여 대신 기도해주십니다. 한 사람의 기도보다는 두 사람의 기도가 강력하고, 두 사람의 기도보다는 세 사람의 기도가 강력하고, 세 사람보다는 온 성도의 기도가 강력하고, 온 성도의 기도보다는 모든 민족의 기도가 강력합니다. 그것이 합하는 기도의 능력, 합심기도의 능력입니다.

오순절 날이 이미 이르매 그들이 다같이 한 곳에 모였더니 행 2:1

오순절에 모인 120명의 합심기도로 성령이 임하셨습니다. 예수님도 마지막으로 겟세마네 기도를 드릴 때 제자들과 함께 가셨고 함께 기도해달라고 중보기도를 요청하실 정도였습니다. 감히 예수님과 비교할 수는 없지만 저도 마음은 피하고 싶은 일, 감당하기 어려운 일들이 있습니다. 원수 마귀가 극도로 방해하는 일들이 있습니다. 그러나 해야만 한다면 승리해야 합니다. 그래서 중보기도를 요청해서 우리가 합심하여 기도하는 것입니다.

우리가 한마음으로 기도하면 어떤 일이 일어납니다. 우리가 알 수도 있는 일, 또는 너무 은밀히 일어나거나, 혹은 너무 큰 역사여서 우리가 눈치채지 못해서 그렇지 우리가 합심해서 기도할 때 우리 주변에서, 우리 교회에서, 우리나라에서, 저 미국땅에서도 어떤 일이 일어납니다.

이 세상 전쟁의 배후 세력

전쟁은 그냥 일어나는 것이 아닙니다. 어떤 사고는 절대로 그냥 일어나는 법이 없습니다. 이 세상에서 일어나는 어떤 악한 일, 죽이는 일도 우연히 일어나지 않습니다.

> 도둑이 오는 것은 도둑질하고 죽이고 멸망시키려는 것뿐이요 내가 온 것은 양으로 생명을 얻게 하고 더 풍성히 얻게 하려는 것이라 요 10:10

인생이 탈취당하고, 망하게 되고, 죽게 되는 배후에는 사탄이 있다는 것입니다. 그러나 인자는 살리러 오셨고 더 풍성히 얻게 하려고 오셨습니다. 이 세상에는 반드시 이 싸움이 있습니다. 이것이 우연히 일어나겠습니까? 세상이 왜 갈수록 흉악해집니까? 옛날에는 걱정하지 않아도 될 일들로 왜 우리가 밤새 기도해야 할 일들이 생기는 것일까요? 이 시대의 아말렉이 누구입니까? 이 시대의 여호수아는 누구입니까? 이 시대의 모세는 누구입니까? 이 시대의 아론과 훌은 누구입니까?

1. 아말렉은 누구인가?

이 아말렉과의 전쟁은 여호수아와 전쟁에 동원된 백성들, 모세와 아론과 훌 모두가 함께한 전쟁입니다. 그렇다면 이 시대의 아말렉은 누구입니까? 아말렉은 이스라엘의 대적, 곧 원수 마귀를 상징합니다. 마귀는 보이지 않으니까 마치 추상적인 적처럼 보이지만 사실 그의 전략은 아주 구체적입니다. "마귀는 디테일에 있다"(The devil is in the details)라는 말처럼 마귀는 우리 인생을 좌우하는 것처럼 보이는 큰 사건보다 작은 것 하나에도 우리 인생을 휘청휘청하게 만듭니다. 사람과의 관계도 말 한마디, 작은 오해로 틀어져 평생 원수가 되어버립니다. 나라 간의 전쟁도, 심지어 1차 세계대전은 '사라예보의 총성'이라는 충격 사건으로부터 발발하여 수많은 사람들을 죽음으로 내몰았습니다.

1941년 일본은 미국의 해군 기지인 진주만을 기습 공격하여 미국 태평양 함대에 큰 타격을 입혔습니다. 태평양 전쟁 개전 당시 일본의 해군력은 미국을 앞서고 있었습니다. 항공모함도 일본이 미국보다 더 많았다고 합니다. 그러니 일본이 질 수 없는 전쟁이었는데, 이듬해 미드웨이 해전에서 일본이 미국에게 대패했습니다. 왜냐하면 진주만 기습 당시 미군의 선박 수리 시설과 항공모함을 파괴하지 못한 것이 미드웨이 해전 대패의 결과를 낳은 것입니다. 일본은 미드웨이 해전 단 하루 만에 진주만 공습의 주력이었던 항공모함 4척을 모두 잃었습니다. 그때 발생한 사상자 대부분이 항공 조종사와 항공모함 선박 기술자였기 때문에 나중에 더 이상 항공모함을 만들지 못하게 되고 말았습니다.

겉으로 보이는 손실보다 보이지 않는 더 큰 손실이 있습니다. 이것이 보이지 않는 진짜 전쟁입니다. 또 보이지 않는 적이 더 무섭습니다. 이처럼 마귀는 우리 눈에 보이지 않아도 쉬지 않고 우리를 공격하고 있습니다. 또한 영적인 존재이기 때문에 시공간의 제한을 받지 않습니다. 오직 예수님의 능력으로만 격퇴할 수 있는 만만치 않은 존재입니다.

눈에 보이는 사건 사고보다 우리를 더 고통스럽게 하고, 더 많은 살상을 일으키는 것이 있습니다. 대포나 탱크보다 더 무서운 것이 눈에 보이지 않는 화생방(화학, 생물학, 방사능), 바이러스, 탄저균 같은 것들인데, 전쟁에서 사용을 금지하자고 약속할 정도입니다. 눈에 보이는 총과 미사일보다 보이지 않는 방사선 피폭이 더 무서운 것처럼, 오늘날에도 교통사고, 산사태, 붕괴사고보다 더 무서운 것이 사상과 이념의 전쟁, 거짓과 진리의 전쟁입니다. 우리 아이가 학교에서 싸우고 다쳐서 돌아오는 것보다 더 무서운 것이 학교에서 성 혁명 교과서를 배우고 있다는 점입니다. 불순종, 종교의 자유, 음란문화, 사회주의 이념을 배워서 마귀의 자식으로 길러지고 있다는 것이 더 심각한 위험입니다.

전 세계 당뇨 환자가 4-6억 명에 달하고 1년에 당뇨로 죽는 인구가 약 500만 명이라고 합니다. 다리가 부러지는 것보다 당뇨로 다리가 썩어가는 것이 더 무서울 정도입니다. 당뇨 환자에게는 실명의 위험도 높습니다. 당뇨를 고칠 수 없는 병, '침묵의 살인자'라고 부르기도 합니다. 마귀가 나팔을 불고 사이렌을 울리면서 우리를 공격한다면 우리도 무턱대고 당하지 않을 것입니다. 그러나 마귀는 그럴듯하게 나타나 인권, 인본주의, 평등, 자유주의로 포장하여 성경을 대적하고 있습니다. 자유의 이름으로 자유를 억압합니다. 자유주의 신학에 물들고, 퀴어 신학을 만들어 하나님을 부정하고 하나님을 모독하고 있습니다. 궁극적으로 최종 빌런은 바로 마귀입니다.

2. 진정한 승리는 무엇인가?

아말렉이 우리의 적입니다. 그 아말렉이 이 시대에 영적으로 어떤 루트와 어떤 방법과 어떤 이념과 어떤 사상으로 우리를 공격하고 있는지 파헤쳐 계속 싸워야 합니다. 그러면 우리가 아말렉과 싸워 승리하기 위하여 절에 가서 불상을 잘라버려야 할까요? 교회의 교세가 강해져서 정치인들이 교회에 와서 표를 구하고, 유력한 자들이 만나자고 하면 만나주고, 교회에 영향력이 생겨서 목사의 입김이 세어지는 것일까요? 그것은 진정한 승리가 아닙니다.

진정한 승리는 눈물로 기도하고 사랑으로 섬기는 것입니다. 세상의 죄악과 맞서서 하나님의 나라와 정의가 실현되도록 하는 것입니다. 하나님의 진리 편에 서는 것입니다. 개신교도를 박해하여 '피의 메리'(Bloody Mary)라고 불린 메리 여왕(Mary Stuart, 1542-1587)은 "백만 군사보다 존 낙스의 기도가 더 무섭다"라는 말을 남겼습니다. 그만큼 영권이 있어야 합니다.

아합왕이 엘리야를 만나 "이스라엘을 괴롭게 하는 자여 너냐?"라고 하자 엘리야는 "내가 이스라엘을 괴롭게 한 것이 아니라 당신과 당신의 아버지의 집이 괴롭게 하였으니"(왕상 18:18)라고 담대히 말했습니다. 엘리야에게 아무 힘도 없었지만 아합은 그런 엘리야가 무서워서 감히 그를 죽이지 못합니다. 헤롯이 헤로디아의 흉계에 빠져 어쩔 수 없이 세례 요한의 목을 쳤지만 그를 죽이고 싶지 않았습니다. 낙타 털옷을 입고 메뚜기와 석청을 먹는 세례 요한이 두려웠던 것은 그가 하나님 편에 서 있었기 때문입니다. 정의의 편에 서서 진리를 외치고 끝끝내 굴복하지 않는 것이 승리입니다.

> 마귀가 또 예수를 이끌고 올라가서 순식간에 천하 만국을 보이며 이르되 이 모든 권위와 그 영광을 내가 네게 주리라 이것은 내게 넘겨 준 것이므로 내가 원하는 자에게 주노라 그러므로 네가 만일 내게 절하면 다 네 것이 되리라 눅 4:5-7

마귀가 광야에서 예수님을 시험한 것처럼 지금도 마귀는 우리에게 "올라가라, 올라가라", "높아져라, 높아져라", "대단하다, 너 대단하다" 이렇게 유혹합니다. 주님을 떠나 이 세상에서 똑똑하고 높아지고 명성 있고 점점 올라가라고 합니다. 그러다가 떨어져서 죽고 마는 것입니다. 마귀가 뒤에서 웃고 있습니다.

진짜 승리는 그런 승리가 아닙니다. 눈물의 승리, 기도의 승리, 섬김의 승리, 겸손의 승리입니다. 진짜 최종 승리는 우리가 끝까지 예수를 잘 믿어서 천국에 입성하는 것입니다. 우리 주변에 잠들어 있던 무지한 자들에게 생명의 복음을 전해서 우리와 함께 천국에 들어가는 동반자로 만드는 것이 원수 마귀에 대한 우리의 최고의 승리이자 강력한 복수입니다.

3. 우리의 역할을 분명히 알라

우리는 우리의 역할을 분명히 해야 합니다. 우리의 역할은 이 전쟁에 나서서 여호수아처럼 현장에 나가 싸우든지, 모세처럼 손을 들고 기도하든지, 기도하는 모세의 팔을 받쳐 손이 내려오지 않게 한 아론과 훌이 되든지 셋 중에 하나입니다. 그중에서 아론과 훌의 역할은 우리가 반드시 할 수 있습니다. 셋 중에 하나는 반드시 해야 합니다. 우리의 역할이 반드시 있습니다.

믿음은 실제입니다. 우리도 실제적인 믿음의 행위를 해야 합니다. 각자에게 맡기신 역할을 행하십시오. 그리고 지치지 말고 포기하지 마십시오. 이 세 톱니바퀴가 빠지면 안 됩니다. 모세가 없어도 전쟁에 실패하는 것이고, 아론과 훌이 없어도 실패한 것입니다. 여호수아가 전쟁에 나가지 않아도 지는 것입니다. 절묘하게 균형과 조화를 맞춰서 누가 혼자 잘한 것도 아니고, 누구 하나 그 공을 독차지할 필요도 없습니다. 주님이 이런 사람들을 세워서 승리의 역사를 이루실 것을 믿습니다.

하나님의 부르심에는 후회가 없습니다. 그저 태어난 사람이 한 사람도 없고, 그저 세운 교회도 하나도 없습니다. 그러니 하나님께서 촛대를 옮기시기 전에 정신을 차려야 합니다. 우리는 모르드개가 에스더에게 한 말을 유의해서 들을 필요가 있습니다.

이 때에 네가 만일 잠잠하여 말이 없으면 유다인은 다른 데로 말미암아 놓임과 구원을 얻으려니와 너와 네 아버지 집은 멸망하리라 네가 왕후의 자리를 얻은 것이 이 때를 위함이 아닌지 누가 알겠느냐 하니 에 4:14

모르드개가 큰소리치는 것이 아니라 그에게는 진짜 이 믿음이 있었습니다. 지금 온 유다 민족이 다 죽게 생겼는데 에스더만 왕궁에서 안전하다고 착각하지 말라는 것입니다. 에스더가 잠잠히 말이 없어도 하나님은 다른 방법으로 유다 민족을 반드시 구원하실 것이라는 믿음입니다. 그러나 왕후와 왕후의 집은 멸망하게 된다는 것입니다.

에스더는 왕후가 되고자 한 것도 아니고, 될 만한 자격이나 조건도 없었습니다. 제국의 왕비가 되는 것은 까다로운 검증 절차를 철저히 거쳐야 하는 일입니다. 본토인 중에서 유력한 사람이 왕후가 되고자 얼마나 많이 줄을 댔겠습니까. 그런데 듣도 보도 못한 에스더가 유다 민족임을 밝히지도 않은 채 왕의 눈에 들어서 왕후의 자리에 오르게 되었다는 것은 어쩌다가 된 것입니다. 하나님의 은혜로 된 것입니다. 에스더가 예뻐서 또는 때를 잘 만나서가 아니라 바로 이런 때를 위한 것이 아니겠느냐는 말입니다.

하나님이 촛대를 옮기시기 전에, 기회가 사라지기 전에 우리는 우리의 역할을 감당해야 합니다. 우리가 잠잠하면 하나님은 다른 누군가를 통해서 일하십니다. 그러나 하나님께서 복 받을 수 있는 기회를 주셨고, 하늘의 상급을 받을 수 있는 기회를 주셨을 때 기쁜 마음으로 사명을 감당해야 합니다. 우리가 마지막 때 이 거룩한 전쟁에 참여하여 아말렉을 물리치고 승리의 깃발을 높이 들고 나가도록 오늘도 승리를 위한 중보기도를 드리시기 바랍니다.

16

그 어떤 것도 기도를 대신할 수 없다

마가복음 9:25–29

이 세상에는 대신할 수 있는 것이 있고, 대신할 수 없는 것이 있습니다. 꿩 대신 닭이라는 말처럼 꿩이 귀한데 없으면 비슷한 것으로 닭이라도 써야 하고, 이가 없으면 잇몸으로 산다는 속담도 있습니다. 쌀이 떨어지면 라면이라도 먹습니다.

그런데 절대로 대신할 수 없는 것들도 있습니다. 지난 2021년에 우리나라에서 요소수 대란이 일어난 적이 있습니다. 요소수는 대형 트럭이나 화물차, 경유 차량에서 발생하는 대기오염 물질의 배출량을 줄이는 데 쓰는 용액으로 전량 수입에 의존하다가 중국에서 수출을 중단하는 바람에 품귀 현상이 벌어졌고, 이로 인해 화물차 등이 운행을 하지 못해 물류 대란까지 일어나게 된 것입니다.

이처럼 절대로 대체 불가한 것이 있습니다. 천국에 갈 때 반드시 필요한 것이 무엇입니까? 바로 믿음입니다. 돈으로도 안 되고 선함으로도 안 됩니다. 율법을 지키면서 살고 죄짓지 않고 산다는 것도 보통 일이 아니지만, 그것으로는 절대로 천국에 들어가지 못합니다. 천국에 가기 위해서는 하나님의 아들 예수 그리스도를 바로 믿어야만 하고 이것은 다른 어떤 것으로도 대체 불가한 것입니다.

이 땅에는 예수님보다 더 희생적으로 산 사람이 있을 수 있습니다. 예수님보다 더 오랜 기간 고생한 사람도 있을 수 있습니다. 그렇더라도 예수님이 흘리신 피를 대체할 수 있는 것은 없습니다. 왜냐하면 모든 인간은 죄인이기 때문입니다.

기도를 대신할 수 있는 것은?

그러면 우리의 기도는 대신할 수 있는 것이 있습니까? 기도 대신할 수 있는 것들이 있는 것처럼 보입니다. 기도 대신 돈, 기도 대신 사람을 만나 사정하고, 열심히 노력하는 것이 기도를 대신 할 수 있습니까? 기도를 대신할 수 있는 것은 아무것도 없습니다.

정필도 목사님이 부산에서 교회를 개척하시고 얼마 안 되어 교회의 부흥을 위해 열심히 애쓰셨는데 어느 날 다른 교회를 섬기는 나이 지긋한 전도사님이 오셔서 정필도 목사님에게 이렇게 말했다고 합니다. "전도사님(개척 당시), 하나님께서 이 교회를 부흥시키기를 원하시는데 이 예배당에 전도사님의 눈물의 기도를 가득 채우면 부흥이 된다고 하십니다." 결국 기도 외에 다른 어떤 인간의 방법이나 프로그램으로 부흥이 되지 않는다는 것을 깨닫고 날마다 기도했을 때 하나님께서 사방에서 성도들을 불러 모아주셨다는 것입니다.

왜냐하면 그는 부산이 고향도 아닙니다. 오라는 데는 많았지만 하나님께서 그에게 개척을 하라고 하셨습니다. 그러면 어디서 개척을 할지 물으니 부산으로 가라고 하셔서 아무 연고도 없는 부산에서 그야말로 맨주먹으로 개척하여 하나님께서 부흥을 이루어주셨던 것입니다. 이것이 돈으로 되겠습니까? 건물을 크게 짓는다고 채워지겠습니까? 목사님이 박사 학위가 서너 개 있다고 채워지겠습니까? 힘으로도 능으로도 안 됩니다. 오직 하나님으로만 가능합니다. 오직 기도로만 할 수 있는 일이 이 땅에 있습니다. 응답을 받기 위해서는 반드시 기도해야 합니다. 기도를 대신할 수 있는 것은 없습니다.

기도가 아니면 할 수 없다

주님이 변화산에 계시는 사이에 산 아래에서 일어난 사건을 잘 아실 것입니다. 흉악한 귀신 들린 아들을 둔 아버지가 예수님을 찾아왔지만 마침 예수님이 안 계셔서 제자들이 불쌍한 이 부자를 도와 기도해주었지만 병이 낫지 않았습니다. 결국 산에서 내려오신 주님이 귀신을 꾸짖어 나가게 하신 뒤로 아들의 병이 나았습니다.

그런데 제자들도 전에 귀신을 쫓아낸 적이 있었습니다. 예수님이 열두 제자를 둘씩 둘씩 보내시며 더러운 귀신을 쫓아내는 권능을 주셔서 마을로 다니며 귀신을 쫓아내고 많은 병자들을 낫게 한 경험이 있었기 때문에 귀신 들린 아들의 아버지가 제자들에게 부탁했을 때 제자들도 거기에 응한 것입니다. 그렇지 않고 예수님만 귀신을 쫓아내실 수 있다면 당연히 예수님이 오실 때까지 기다렸을 것입니다. 그런데 이번에는 귀신을 쫓아내지 못하자 제자들은 예수님께 이렇게 질문할 수밖에 없었습니다.

> 집에 들어가시매 제자들이 조용히 묻자오되 우리는 어찌하여 능히 그 귀신을 쫓아내지 못하였나이까 이르시되 기도 외에 다른 것으로는 이런 종류가 나갈 수 없느니라 하시니라 막 9:28-29

예수님은 기도 외에 다른 것으로 이런 종류가 나갈 수 없다고 말씀하셨습니다. 이제는 우리도 잘 아는 말씀입니다. 그러나 어제의 만나를 오늘 먹을 수 없는 것처럼 현재 제자들은 기도가 부족한 상태였기 때문에 귀신을 쫓아내지 못한 것입니다. 그 후 예수님이 부활 승천하신 다음 이제는 예수님이 제자들과 함께 계시지 않고 제자들만 남았는데도, 베드로를 비롯한 제자들이 다시 귀신을 쫓아내기 시작합니다. 그들이 기도하고 성령으로 충만했기 때문입니다.

우리가 성령은 받았지만, 성령이 임하셔서 성령으로 충만하지 않으면, 능력은 나가지 않습니다. 이렇게 영의 일은 영으로만 되는 것입니다. 더욱이 기도는 영을 넘어 육의 일까지 간섭합니다. 하늘에서 일어난 영적인 어떤 일들이 육의 사건을 일으킨다는 것을 기억하시기 바랍니다. 그러니 헛똑똑이처럼 세상에서 잘난 척하지 말고, 애써서 땀흘리지 말고, 먼저 주님께 엎드리는 것이 우선입니다.

인생을 허비하고 제멋대로 사는 사람은 절대로 기도하는 사람을 이기지 못합니다. 우리 힘으로 될 것 같습니까? 오히려 기도가 빠진 인간의 지혜는 그 사람의 발목을 잡습니다. 더는 지식에 빠져서는 안 됩니다. 하나님께 엎드려 기도하는 그 사람이 뭔가를 이룹니다. 기도를 대신할 수 있는 것은 어떤 것도 없습니다.

성령님, 오십시오

설교자는 자신이 일생에 남는 설교를 하면 그 설교에 은혜가 있는지, 능력이 있는지 잘 압니다. 저도 제 일생토록 남는 설교를 한 편 한 적이 있었습니다. 제가 신학교에 다니면서 개척교회를 섬길 때였는데, 목사님이 지방에 장례가 있어서 갔다가 차가 밀려 수요예배 시간에 맞춰 도착하지 못한다는 연락이 왔다고 합니다.

그때 저는 수요예배를 드리기 위해 시간에 맞춰서 교회에 도착했는데, 사모님이 발을 동동 구르며 목사님이 못 오시니 제가 설교를 해야 한다고 하셨습니다. 그때 잠바를 입고 있었는데 양복을 갈아입고 올 시간도 없었고, 예배당에는 개척교회 성도 십여 명이 이미 기도하고 있었기 때문에 예배를 드리지 않을 수도 없었습니다. 설교 준비가 안 되어 있으니 어떻게 설교를 해야 하는지 생각이 복잡했습니다.

단 위에 올라 찬송하면서 성경을 이리저리 보다가 본문의 가닥을 잡게 되었습니다. 그런데 대표기도를 하던 집사님이 기도하다가 울기 시작하더니 눈물이 전염이 되어 모든 성도가 울었습니다. 제가 본문을 펴고 설교를 하니까 또 웁니다. 이런 경우 어린아이가 와서 말씀을 전해도 은혜가 있습니다. 마음이 전부 옥토밭으로 바뀌니 그날 불이 떨어졌습니다. 성령이 하신 것입니다. 저도 그런 예배를 드려본 적이 많지 않습니다. 그런데 하나님이 하시면 됩니다. 우리에게 성령이 오셔야 되는 것입니다.

어느 목사님이 예배 시간이 다 되었는데도 목양실에서 나오지 않자 비서가 혹시 목사님이 피곤해서 주무시는지, 혹은 시간을 착각하셨는지 확인하기 위해 문을 열려고 하다보니 기도 소리가 흘러나왔습니다. 혹시 누가 상담을 하나 싶었는데 목사님이 이렇게 기도하고 있었습니다.

"주님! 주님! 저는 설교 준비가 다 끝났습니다. 그러나 주님, 성령이 임하시지 않으면 저는 올라갈 수 없어요. 설교를 준비한들 무슨 필요가 있겠습니까? 성령이 도와주지 아니하시면 저는 아무것도 못합니다. 성령님, 오십시오. 성령님, 나를 붙들어주십시오." 이렇게 절박하게 기도하더라는 것입니다.

예배 시간은 다 되었고 설교 준비도 끝났지만, 성령이 부어지지 않으면 나는 아무것도 할 수 없기 때문에 강대상에 오르지 못한다고 기도하는 이 목사님이 진짜 목사님 아닙니까? 지식으로 끄적거린 세상 소리나 하는 설교자가 아니라 성령을 의지하는 설교자, 비록 투박하고 세련되지 못한 말이나 내용이라도 성령을 구하는 예배, 성령이 임하는 교회가 많아져야 되지 않을까요?

반드시 기도해야만 일어나는 일들

1. 기도해야만 영권이 생긴다

기도 외에는 기도를 대신할 수 없습니다. 그러면 우리가 왜 반드시 기도만 해야 됩니까? 첫째, 우리가 기도를 해야만 영적 능력이 생깁니다. 영권, 영력은 지식에서 오는 것이 아니라 무릎에서 오는 것입니다. 돈, 가문, 학벌, 지식, 시간으로 안 되는 것이 영적인 능력입니다. 나이 먹는다고 영권이 생기는 것도 아닙니다. 아이들도 기도하면 영권이 임합니다.

예수에 미친 어느 중학생이 있었습니다. 훗날 목사가 되었는데, 집안은 가난하고 어머니도 예수를 믿지 않았습니다. 교회만 쫓아다니고 기도만 한다고 하면서 툭하면 금식하고 툭하면 철야를 하니 하나님이 보시기에 너무 귀하지만 어머니가 보기에 정상이 아닌 것처럼 보였습니다. 어느 날 부엌에서 어머니가 아궁이에 불을 때며 아들에게 말했습니다. "이놈아, 작작 미쳐라. 교회 가면 떡이 나오냐 밥이 나오냐. 공부도 하고 농사일도 도울 것이지, 어떻게 교회만 쫓아다니냐?" 그러자 아들이 "어머니, 기도하면 하나님이 다 해주십니다"라고 했습니다.

그때 아들이 금식기도를 하고 있었기 때문에 "밥도 먹어가며 기도하지 왜 금식을 하냐?"고 하자 아들이 교회에 신학생 전도사님이 오셨는데, 교회가 하도 가난하니까 사례비를 제때 못 주고 성미(誠米)도 안 주니까 전도사님이 밥을 굶고 다녀서 얼굴이 허옇게 떠서 너무 가슴이 아파서 "하나님, 우리 전도사님이 사례비를 받을 수 있게 해달라고, 우리 전도사님도 얼굴 좀 피게 해달라고 기도합니다"라고 하자 어머니가 복장이 터져서 "네 걱정이나 해라. 기도만 한다고 되느냐?"라는 말에 아들이 "어머니가 몰라서 그렇지, 하나님께서 광야의 이스라엘 백성들에게 메추라기를 내리셨듯이, 하나님께 기도하면 우리 전도사님에게 꿩을 주신다고 그러셨어요" 그 말이 끝나자마자 부엌으로 암꿩이 들어와서 부지깽이를 들고 불을 때는 어머니의 치마 속으로 쏙 들어가버렸습니다.

어머니는 아들의 말이 끝나자마자 일어난 일에 너무 놀랐는데, 신이 난 아들은 전도사님에게 드린다고 꿩을 잡아 예배당으로 가져가서 강대상 아래 꿩을 감춰두었습니다. 그 날 수요예배가 있었는데 전도사님이 설교를 하다가 강대상을 치자 꿩이 놀라서 뛰쳐나왔습니다. 그러자 그 중학생이 꿩을 가지고 나가 이 일을 간증했다고 합니다. 이 간증을 듣고 전도사님을 제대로 섬기지 못한 어른들이 고꾸라졌고, 그 후 교회가 부흥되었습니다. 하나님은 아이의 기도라고 안 들으시는 분이 아닙니다. 누구의 기도라도 믿음 있는 기도에 응답하십니다.

베드로는 이렇게 외쳤습니다.

> 은과 금은 내게 없거니와 내게 있는 이것을 네게 주노니 나사렛 예수 그리스도의 이름으로 일어나 걸으라 하고 행 3:6

거꾸로 말하면 "내가 너에게 은과 금을 준들 그것으로 너의 근본적인 문제, 근본적인 저주를 해결하겠느냐? 당장은 좋겠지만 그것이 걷지 못하는 너에게 무슨 쓸모가 있느냐? 너를 일으킬 수 있는 것은 세상의 권세가 아니라 예수 이름의 권세다"라고 말한 셈입니다.

사도행전에 보면 사마리아 성에 시몬이라는 마술사가 있었는데 마귀에게 사로잡혀서 능력을 행하며 사람들을 미혹하던 사람이었습니다. 그런데 빌립이 전한 복음을 듣고 믿게 되어 세례를 받고 빌립을 따라다니며 표징과 기적을 보고 놀랐습니다. 사마리아 사람들이 하나님의 말씀을 받아들였다는 소식이 전해지자 베드로와 요한이 가서 사마리아 사람들이 성령을 받도록 기도하니 안수할 때 사람들이 성령을 받는 것을 보고, 돈으로 그 능력을 사려고 했습니다.

시몬이 사도들의 안수로 성령 받는 것을 보고 돈을 드려 이르되 이 권능을 내게도 주어 누구든지 내가 안수하는 사람은 성령을 받게 하여 주소서 하니 베드로가 이르되 네가 하나님의 선물을 돈 주고 살 줄로 생각하였으니 네 은과 네가 함께 망할지어다 행 8:18-20

그러나 돈으로도 힘으로도 그 능력을 살 수 있는 것이 아닙니다. 지식으로도 살 수 없습니다. 영적 능력은 영적인 투자와 영적인 노력과 영적인 수고를 통해 얻어지는 것입니다. 산으로 올라가 기도하든지, 기도원에 가서 나무라도 뽑든지, 각고의 노력이 있어야 그다음 영적인 세계가 열리고 같은 말을 해도 힘이 생기는 것입니다. 일단 하나님께 부르짖어 기도하는 것이 순서입니다. 기도 없이, 영적인 수고 없이 어떻게 영적인 능력을 얻겠습니까? 어떤 사람의 영권 뒤에는 반드시 피땀을 흘린 연단과 기도의 수고와 눈물이 있었다는 것을 기억해야 합니다.

2. 기도해야만 환경이 바뀐다

둘째, 반드시 기도해야만 환경이 바뀝니다. 사실 사람은 주변에 처한 환경을 헤쳐나갈 힘이 많지 않습니다. 환경을 이기지 못합니다. 내 마음도 마음대로 되지 않습니다. 1994년에 성수대교가 붕괴했고, 1995년에는 삼풍백화점이 무너졌습니다. 계속해서 사고가 나거나 취업하는 곳마다 회사가 망하거나 하는 환경의 재앙으로 일어서지 못하는 경우가 얼마나 많습니까. 그래서 사람들은 환경을 바꿀 수 없다는 것을 알고 그것을 받아들이면서 사주, 팔자, 궁합, 관상, 사이비종교, 무당을 의지하기 시작했습니다. 환경을 이길 수 없다고 생각하니까 세상의 환경에 굴복하기 시작한 것입니다.

그러나 주님은 우리에게 생육하고 번성하여 땅에 충만하라고 하셨고, 땅을 정복하고 다스리라고 하셨습니다. 이것이 복음의 능력입니다. 가계의 저주는 사탄의 소리입니다. 제사 문화가 있는 우리나라에서나 통하는 이야기입니다.

> 그 때에 그들이 말하기를 다시는 아버지가 신 포도를 먹었으므로 아들들의 이가 시다 하지 아니하겠고 신 포도를 먹는 자마다 그의 이가 신 것 같이 누구나 자기의 죄악으로 말미암아 죽으리라 렘 31:29-30

아버지가 포도를 먹으면 아버지의 이가 시지 왜 아들의 이가 신가요? 절대로 그렇지 않습니다. 신 포도를 먹는 자마다 그의 이가 신 것이고 누구나 자기의 죄악으로 죽습니다.

우리는 어디든지 가고 뭐든지 먹습니다. 그러나 하나님의 영광을 위해서 절제하는 것뿐입니다. 이사할 때 손 없는 날이 어디 있습니까? 날씨 좋은 날이 이사하기 좋은 날입니다. 궁합이 우리의 결혼을 결정합니까? 관상대로 인생이 흘러간다고요? 그것은 결국 운명에 굴복하고 환경에 굴복하고 타고난 팔자에 굴복하고 마는 것입니다.

그러나 예수를 믿는 사람들은 기도하면 환경이 바뀝니다. 운명이 달라집니다. 죽은 사람이 살아납니다. 심지어 기도를 들으시고 하나님의 결정도 바꿔주십니다.

> 너는 가서 히스기야에게 이르기를 네 조상 다윗의 하나님 여호와께서 이같이 말씀하시기를 내가 네 기도를 들었고 네 눈물을 보았노라 내가 네 수한에 십오 년을 더하고 너와 이 성을 앗수르 왕의 손에서 건져내겠고 내가 또 이 성을 보호하리라 사 38:5-6

하나님은 히스기야의 기도를 들으시고 15년이나 생명을 연장시켜주셨습니다. 가로막힌 홍해가 갈라지고, 다니엘의 기도로 사자의 입이 봉해지고, 그 옛날 광야에서 수많은 이스라엘 사람들이 굶어 죽지 않고 목말라 죽지 않고 추위에 죽지 않고 너끈히 살았습니다. 환경을 이기는 기도가 있다는 것입니다. 환경을 믿지 마세요. 환경에 지지 마세요. 기도하면 환경도 바뀝니다. 광야에서 생수가 나고 하늘에서 만나가 내리고 메추라기가 떨어지는 생명의 환경으로 바뀌는 역사가 오늘도 일어난다고 믿습니다.

바벨론 포로 이후 이스라엘 백성들은 주님의 약속대로 70년 만에 예루살렘으로 귀환하게 됩니다. 하나님께서는 고레스 왕을 통해서 하나님의 약속을 이루십니다. 그러나 1차 귀환자는 약 5만 명 정도였습니다. 스룹바벨을 필두로 하여 직선거리로 900킬로미터, 길을 따라가면 1,500킬로미터를 가야 하는 대장정이 시작되었습니다. 이 큰 무리를 데리고 가다가 무슨 일을 만날지 두려워하는 스룹바벨에게 주께서 천사를 보내사 확실한 약속을 주셨습니다.

> 그가 내게 대답하여 이르되 여호와께서 스룹바벨에게 하신 말씀이 이러하니라 만군의 여호와께서 말씀하시되 이는 힘으로 되지 아니하며 능력으로 되지 아니하고 오직 나의 영으로 되느니라 큰 산아 네가 무엇이냐 네가 스룹바벨 앞에서 평지가 되리라 그가 머릿돌을 내놓을 때에 무리가 외치기를 은총, 은총이 그에게 있을지어다 하리라 하셨고 슥 4:6-7

이는 힘으로 되지 않고 능력으로 되지 않고 오직 하나님의 영으로 된다고 하십니다. 큰 산이 스룹바벨 앞에서 평지가 되는 일이 기도하면 되는 것입니다. 우리가 기도하면 우리 하나님이 환경을 바꾸시는 역사를 이루십니다.

조용기 목사님이 은평구 불광동에 처음 천막교회를 개척했을 때 어느 앉은뱅이가 서울역에서 불광동까지 5시간을 기어서 조용기 목사님을 찾아왔습니다. 울면서 자신을 고쳐달라고 찾아왔는데, 무슨 수로 살릴지 하나님에 대한 원망이 밀려왔다고 합니다. 그래도 천막에 있던 청년 몇 사람과 기도를 시작했습니다. 그리고 믿음이 올 때까지 기도를 하는데, 어느 순간 지구를 손가락으로 튕기면 지구가 움직일 것 같은 믿음이 생겨서 앉은뱅이에게 일어나라고 하고 확 일으켰다고 합니다. 그러자 예배당을 걷고 뛰고 빙빙 돌아다녔다는 것입니다. 조용기 목사님이 기도하자 지구를 손가락으로 튕기면 지구가 움직일 것 같은 믿음이 생겼다는데, 우리도 그 믿음만 있으면 무엇을 못 하겠습니까? 우리가 기도하면 환경이 바뀝니다.

3. 기도하면 하나님이 움직이신다

저도 교회를 개척하면서 산전수전을 다 겪었는데, 계속해서 시련이 와도 밤새 시달려도 새벽에 나가 설교하고 엎드리면 참 신기하게 하나님이 힘을 주셨습니다. 잠을 못 자고 끙끙 앓고 어지러워서 쓰러질 것 같아도 새벽에 나가 설교하고 엎드리면 하나님이 힘을 주시고, 일어나면 감사가 밀려왔습니다. 어려운 일이 생겨도 감사하고, 어제는 죽을 것 같았는데 오늘은 날아갈 것 같습니다. 문제가 해결되거나 빛이 보여서 그런 것이 아니라 하나님이 마음을 움직여 주신 것입니다.

지금 죽을 것 같고 너무너무 힘들어도 오늘 기도하고 하나님이 우리 영혼에 충만히 임재하시어 나를 만져주시면 죽을 것 같은 환경이 감사로 바뀌는 신기한 경험을 하게 될 것입니다. 결국 하나님은 오직 우리의 믿음과 기도에 따라 움직이고 반응하고 일하십니다. 우리가 기도하면 죄가 끊어지고, 우리가 기도하면 저주의 환경을 축복의 환경으로 바꿔주시고, 마라의 쓴 물이 단물이 되고, 광야에 샘이 나고, 홍해가 길이 되는 역사가 일어나게 하실 것을 믿으시기 바랍니다.

응답의 다른 말은 하나님이 일하기 시작하셨다는 것입니다. 때로는 우리가 알도록 일하시고 때로는 우리가 모르도록 은밀하게 일하시기도 합니다. 분명한 것은 우리가 기도하면 하나님이 일하기 시작한다는 것입니다. 그러니 기도만 하십시오. 그러면 하나님이 이루십니다. 기도 외에 다른 것으로는 안 됩니다. 그러나 기도하면 능치 못할 일이 없습니다. 이 믿음으로 오늘도 기도하시기 바랍니다.

너는 부르짖으라

초판 1쇄 발행 2026년 1월 26일
초판 2쇄 발행 2026년 1월 29일

지은이 박한수

펴낸이 여진구
책임편집 안수경 김도연
편집 이영주 진효지 최현수 구주은 김아진 배예담
책임디자인 정은혜 | 마영애 노지현 조은혜
마케팅 김상순 강성민
제작 조영석 허병용
마케팅지원 최영배 정나영
경영지원 김혜경 김경희 김영하

303비전성경암송학교 유니게 과정
이슬비전도학교 / 303비전성경암송학교 / 303비전꿈나무장학회

펴낸곳 (주)규장갓피플

주소 06770 서울시 서초구 매헌로 16길 20(양재2동) 규장선교센터
전화 02)578-0003 팩스 02)578-7332
이메일 kyujang0691@gmail.com
홈페이지 www.kyujang.com
페이스북 facebook.com/kyujangbook
인스타그램 instagram.com/kyujang_com
카카오스토리 story.kakao.com/kyujangbook
등록번호 제2026-000001호
since 1978.08.14

ⓒ 저자와의 협약 아래 인지는 생략되었습니다.
이 출판물은 저작권법에 의해 보호를 받는 저작물이므로 무단 전재와 무단 복제를 할 수 없습니다.

책값 뒤표지에 있습니다.
ISBN 979-11-6504-682-8 03230

규 | 장 | 수 | 칙

1. 기도로 기획하고 기도로 제작한다.
2. 오직 그리스도의 성품을 사모하는 독자가 원하고 필요로 하는 책만을 출판한다.
3. 한 활자 한 문장에 온 정성을 쏟는다.
4. 성실과 정확을 생명으로 삼고 일한다.
5. 긍정적이며 적극적인 신앙과 신행일치에의 안내자의 사명을 다한다.
6. 충고와 조언을 항상 감사로 경청한다.
7. 지상목표는 문서선교에 있다.

하나님을 사랑하는 자 곧 그의 뜻대로 부르심을 입은 자들에게는 모든 것이 合力하여 善을 이루느니라(롬 8:28)

ecpa Member of the Evangelical Christian Publishers Association

규장은 문서를 통해 복음전파와 신앙교육에 주력하는 국제적 출판사들의 협의체인 복음주의출판협회(E.C.P.A:Evangelical Christian Publishers Association)의 출판정신에 동참하는 회원(Associate Member)입니다.